AF382425

Michel Cornillon

GILETS JAUNES

Partager et grandir

Contact : michelcornillon@orange.fr
Site : https://ouvragesmichelcornillon.jimdo.com

Éditeur : BOD-Books on Demand
12/14 rond point des Champs-Élysées, 75008 Paris, France
© Michel Cornillon 2019
ISBN 9782322152940

L'homme blanc ne comprend pas nos mœurs. Une parcelle de terre ressemble pour lui à la suivante, car c'est un étranger qui arrive dans la nuit et prend à la terre ce dont il a besoin. La terre est son ennemie, et lorsqu'il l'a conquise, il va plus loin. Il abandonne la tombe de ses aïeux et cela ne le tracasse pas. Il enlève la terre à ses enfants et cela ne le tracasse pas. Il traite sa mère, la terre, et son frère, le ciel, comme des choses à acheter, piller, vendre comme les moutons ou les perles. Son appétit dévorera la terre et ne laissera derrière lui qu'un désert.

Sitting Bull
Lettre au président des Etats-Unis

Le gouvernement de la révolution qui se prépare sera la dictature de la liberté et de l'égalité contre la tyrannie de l'argent.

Maximilien Robespierre

Pour commencer

L'humanité en général, la France parmi elle, se trouvent aujourd'hui au moment le plus inconfortable, mais en même temps le plus enthousiasmant de leur évolution et de leur histoire. D'un côté un hiver qui s'éloigne, de l'autre l'aperçu d'un possible printemps.

Pour l'heure, le vaste horizon vers lequel nous tendions au lendemain de la seconde guerre mondiale s'est à ce point rétréci qu'en fait de perspectives nous ne parlons que de mur dans lequel nous fonçons, de précipice vers lequel nous entraînent des forces dont nous avons à peine conscience.

Nous nous contentions jusqu'à présent de bougonner, de grogner, de déployer des banderoles au long de boulevards sécurisés, sous le regard de téléspectateurs qui n'en avaient que faire. Et voici qu'un gouvernement de malvoyants s'ingénie à augmenter le prix du gasoil indispensable aux travailleurs.

Colère aux carrefours, apparition et multiplication de gilets jaunes, occupation de ronds-points et de péages d'autoroutes. Une première manifestation à Paris, une seconde le samedi suivant, avec intervention de casseurs sortis de sous les boucliers des forces de l'ordre… Grenades lacrymogènes, bris de vitrines, pillage de magasins sous l'œil épouvanté de la bien-pensance.

Effarement des Français, comme espéré par le Pouvoir ? Que non ! Le téléspectateur moyen, s'il se détournait des voyous venus faire à bon compte leurs achats de noël, endossait lui aussi les revendications de la France d'en bas, de la France des campagnes, de la France des sans-dents, des sans rien que leurs yeux pour pleurer. Et l'on s'apercevait, malgré les cris d'orfraies des principaux médias, que c'est une grande partie de notre pays qui se soulevait avec les Gilets jaunes.

Les Gilets Jaunes représentent le peuple ils ont repris le flambeau des sans-culottes de la Révolution, la France s'apprête à revivre…

La France, la belle, la rebelle.

Le germe

Frères et sœurs, amis, nos semblables, nous sommes comme vous de cette nation chantée par Jean Ferrat. De cette nation qui refusa ses chaînes et éclaira le monde, et vers laquelle se tournent ses voisines pour peu que l'actualité, cherchant comme aujourd'hui à la couler dans un moule qui ne sera jamais le sien, la fait serrer les poings avant de l'acculer à la révolte. Et si l'on regarde de près, on s'aperçoit que toutes les nations ressentent un malaise identique, que toutes sont prêtes à lui emboiter le pas. Et si l'on observe de plus près encore, on s'aperçoit que le sentiment d'injustice qui rassembla chez nous une poignée de mécontents rassemblera demain une poignée d'Allemands, puis deux, trois, quatre poignées de Hollandais, d'Italiens, de Belges et d'Espagnols. Notre mouvement unira en une Europe des citoyens, et non plus de l'oligarchie, l'ensemble des nations de notre continent

Toutes ne parlent pas la même langue, toutes n'affichent pas des idées identiques

Mais si la culture les sépare, si leur éducation les a menées sur des voies divergentes, elles ont en commun l'ADN de l'espèce humaine, ses chromosomes et ses espérances. Les unit la similitude des vies de chaque homme et de chaque femme. Et la vie de l'individu, comme celle de toute l'humanité, suivent deux chemins parallèles, deux voies superposables dont le départ s'est perdu dans notre préhistoire, mais dont nous percevons l'aboutissement Car nous portons en nous, enfouis dans nos cellules, tant le souvenir de notre naissance que la prémonition de notre devenir. Raison pour laquelle quiconque cherche à contrer notre évolution est immanquablement rejeté. A contrario, celui qui en prendra la tête ne serait-ce qu'un instant deviendra un symbole que brandiront les siècles.

Lesquels, parmi les concitoyens de nos parents et de nos grands-parents, continuent-ils de nous guider ? Nous ne remarquerons d'abord que les plus visibles, les plus grands, les plus inoubliables, et nous ressentirons un pincement au cœur à l'idée qu'aucun d'eux n'est plus là pour nous éclairer, nous qui ne sommes que des invisibles, des orphelins qu'on ne remarque pas. Constatons cependant que c'est de notre multitude que sont nés nos grands hommes, des productions de nos semblables qu'ils se sont nourris. Et que c'est notre foule qui a déposé, tout au long de notre devenir, le fil conducteur qui nous permet de ne pas nous égarer. Le fil en lequel, plus tard, nous verrons le destin des français.

Gilets jaunes, surtout, ne lâchez pas ce fil. Vous l'avez hérité de la lente progression de nos ancêtres, Vous en êtes les dépositaires, les messagers chargés de veiller sur lui, de le transmettre aux générations futures.

Avant de passer au chapitre suivant, nous voudrions vous rapporter les propos que voici, tirés de l'interview de l'un de nos concitoyens, Jacques Blamont, 92 ans, père du programme spatial français.

Nous nous trouvons présentement, tous pays confondus, chacun d'eux pagayant de son côté et dans le sens qui lui convient, sur un radeau qu'un courant de plus en plus puissant entraîne en direction du Niagara. Nous aurions pu quelques instants plus tôt tenter de gagner la terre ferme et d'y trouver refuge, mais nous avons si bien attendu que le coche est passé. Un dernier espoir malgré tout : avant que nos étourderies ne nous précipitent dans le fracas de la cascade apparaît devant nous, planté au bord du gouffre, le rocher d'une possible survie....

Ce qu'exprime Jacques Blamont, nous ne l'avions sans doute pas formulé de cette façon, mais nous le comprenons. C'est désormais à nous, et à nous tous, dans l'actuelle cacophonie des nations, de prendre une décision.

Ou bien nous fermons les yeux, auquel cas nous serons emportés et détruits… Ou bien sans plus attendre, en êtres humains solidaires, nous conjuguons nos volontés et nos talents, nous unissons nos forces en cette solidarité qui nous permit, à l'aube de notre existence, de nous extraire de l'obscurité, de nous garder de la vipère et du tigre, d'aller cueillir les fruits que nous offrait Gaïa, notre Terre, notre Terre-Mère, la seule que nous ayons.

Pour nous qui n'avons que nos mains à opposer à la scélératesse et la lâcheté, seule une solidarité sans faille nous permettra de ne pas lâcher le fil.

Le nœud gordien

…Un courant de plus en plus puissant nous emporte… nous prévenait notre vieux frère.

Et nous qui pensions de notre côté, chaque fois que nous branchions la radio :

— *Ça n'est plus possible, ça va péter, ça ne peut que péter !* À croire que les petits ruisseaux font les grands, pareillement les esprits.

Toutefois, en ce qui concerne le Niagara une question se pose : de quelle nature est ce courant, cette force qui nous emporte vers l'abîme ?

Peut-être s'agit du changement climatique dont les effets, multipliés d'année en année, vont aller grandissant pour la raison que chaque nation, dans le je-m'en-foutisme actuel, rame en fonction de ses seuls objectifs, tire la couverture à soi sans s'occuper de ses voisines. Preuve en est le retrait des États-Unis des accords de Paris, lesquels ne seront suivis d'aucun effet étant donné que personne, tant que des sanctions ne seront pas appliquées à l'encontre des tire-au-flanc, n'entend se plier à ce qui fut décidé à la majorité. À la veille d'une catastrophe qui peut encore être évitée, l'humanité se trouve ainsi piégée dans l'antichambre d'un tombeau où chaque puissance, n'ayant d'autre souci que son propre salut, n'hésite en rien à piétiner ses voisines.

La question du réchauffement climatique devient donc celle de l'absence de coopération entre les occupants d'un même radeau ou, si l'on préfère cette image plus parlante, entre les survivants d'une même barcasse. Laquelle barcasse désigne, aux yeux de nos politiciens et de nos élites, tant la dégradation de notre planète que le mépris dans lequel ils nous tiennent. Le laisser-aller actuel proviendrait donc de notre incapacité d'assumer le pouvoir, de l'erreur que nous répétons à chaque élection en délégant à de prétendus experts une souveraineté qui n'appartient qu'à nous.

Ainsi, nous serions aussi responsables que notre actuel président, ses laudateurs et sa cour. Du moins certains le prétendent-ils afin de continuer de jouir, après avoir dissimulé leurs fautes, des avantages que leur procurent leurs attributions de secrétaires d'État, de ministres tout court, de chefs de cabinets et même de coiffeurs, de cireurs de bottes, de chauffeurs et de valets.

De fil en aiguille, partis du problème du climat, nous en arrivons à pointer du doigt nos gouvernants successifs, à désigner l'incompétence élites portées au pouvoir par la démocratie avec, au départ, le manque de jugeote de l'électeur lambda Et si nous creusons du côté du système, nous comprenons que les véritables responsables ne sont pas les hommes politiques mais, en premier lieu, l'Économie et la Finance dont ils ne sont que les vassaux, si ce n'est les mercenaires. Pour s'en convaincre, il n'est que de juxtaposer les magazines d'avant le couronnement de notre magnifique chef de l'État, de voir y resplendir sa dame. Laquelle était chargée de rallier à son mari les élégantes qui se reconnaissaient en son standing, ainsi que le menu peuple, admiratif de son talent de séductrice.

Eh bien, frères et sœurs, nous qui nous contentions au début de protester contre l'augmentation des carburants, nous voici à présent devant un sac de nœuds qui se resserrent sitôt qu'on veut s'en dépêtrer. Trop de questions se posent, trop de liens s'entremêlent, si bien que nous tournons en rond autour d'une énormité n'offrant aucun angle d'attaque.

Ne surtout pas s'arracher les cheveux, ne plus tenter de démêler le vrai du faux. L'ensemble est d'une telle complexité qu'on le croirait jeté par le démon en travers de nos pas. Nous le verrons d'ailleurs plus loin, Satan n'est pas étranger à ce qui nous accable — et en accable d'autres. Partout en Europe, partout aux Etats-Unis au Brésil, en Italie, à Gaza, au Zimbabwe et partout, c'est partout la même chose.

Seule décision possible, celle que prit Alexandre-le-Grand voici deux millénaires : plutôt que de perdre son temps à étudier le nœud et s'arracher les cheveux, saisir le glaive, l'abattre sur lui, le trancher et qu'on n'en parle plus.

Sans doute serait là la solution la plus rapide, la plus sûre et la moins onéreuse. Hélas nous ne sommes pas sur le terrain, nous nous trouvons dans la virtualité, le nœud n'est qu'une image.

Il nous faut revenir à l'image, l'examiner à la loupe et en prendre la mesure, puis en déterminer les tenants et aboutissants.

Ne traînons pas en route. Le thermomètre grimpe. Aucun droit à l'erreur.

Terminator

Jupiter, notre divin président, sait de quoi il retourne mais ne l'avouera jamais. Ce serait lever le voile sur le mystère de sa réussite, trahir ceux qui lui ont ouvert en grand les allées du pouvoir. Ceux justement qui, depuis l'arrière-cuisine de l'Élysée, tirent les ficelles qui le feront s'agiter, réformer à tout-va, pousser le cri du coq pour peu que l'équipe de France, à l'issue du championnat du monde de football, se soit hissée sur la haute marche du podium.

Une remarque à ce sujet. Nos deux derniers matchs, le premier disputé contre la Belgique, le second contre la Croatie, ont été remarquables en ce sens que les équipes étaient de même niveau et que le suspens, dans les deux cas, tint le spectateur en haleine jusqu'au coup de pied final. Nous avons applaudi nous aussi, mais deux détails nous ont choqués : un : l'explosion de joie des supporters français ; deux : le renvoi des Croates dans une inexistence d'autant plus douloureuse que leur équipe nous avait dominés dans la première mi-temps. Notre rebond dans la seconde n'avait d'ailleurs tenu qu'à un fil, à une main égarée, à un coup-franc ne laissant aucune chance au gardien de but adverse... Comme s'il fallait, à l'issue d'une joute entre nations égales, que fût désigné un vainqueur... Que la joie de l'une la confrontât à la frustration de l'autre... Que le vainqueur seul eût droit aux acclamations tandis que les caméras offraient en contrepoint les visages dépités de vaincus qui ne méritaient nullement de l'être... Comme s'il était impératif, à l'instar des combats de gladiateurs de la Rome antique, que le dernier des citoyens s'identifiât à ses idoles, qu'il se prît lui aussi pour le champion du monde, qu'il en oublie dans une ivresse passagère les défaites essuyées par ailleurs... À croire que la fusion des deux équipes dans une même célébration n'eût choqué que les pisse-vinaigre et les pisse-froid, et que le chauvinisme gaulois aurait peut-être débouché sur une vision plus généreuse, plus fraternelle, d'un sport avant tout populaire.

Les tenants du pouvoir se sont hélas toujours méfiés des peuples, se sont toujours arrangés pour qu'ils ne puissent fraterniser. C'est la raison pour laquelle, durant la première guerre mondiale, celui qui souriait à l'ennemi était immédiatement traduit devant un tribunal militaire, jugé à la va-vite, aussitôt mis en joue, rayé de la liste des "poilus". Comme si le juge redoutait le coupable, comme s'il était plus démuni que le dominé, comme si l'autorité était une illusion que la moindre faiblesse suffirait à détruire. Voyez d'ailleurs ce qui s'est passé à Paris entre le palais du Prince et vous-mêmes : avant que ne paraissent vos gilets, de sombres colonnes de gorilles bottés et armés jusqu'aux dents laissaient pénétrer sur le champ de bataille, pour vous en faire la surprise, une kyrielle de casseurs dont le déchaînement allait épouvanter les bourgeois, les conforter dans l'espoir pour eux salvateur d'un prompt rétablissement de l'ordre.

Cette manière infantile de se comporter de se réfugier sous les jupes d'un pouvoir prônant le diviser-pour-mieux-régner (comment pourrait-il en aller autrement dans une petite bourgeoisie repliée sur ses habitudes) est une preuve supplémentaire de l'immaturité de notre espèce. Si l'on ne poussait pas, dès leurs premiers pas à l'école, les enfants à se rivaliser pour la meilleure note, si on les invitait au contraire à partager leur savoir au lieu de refuser à leur voisin de jeter un coup d'œil sur le cahier qu'on dissimule d'un bras, le chacun-pour-soi se verrait remplacé par le chacun-pour-tous. Et ce tous-pour-un/un-pour-tous se répandrait plus tard jusque dans les usines, les bureaux et les magasins. Si bien que Jupiter, notre président chéri, flamboyant lui aussi dans un gilet fluo, n'aurait d'autre charge que de nous représenter et non, comme on fait d'un troupeau, de nous contenir de ses chiens de guerre. Peut-être le sort nous guettant au-delà du rocher cesserait-il alors de nous inquiéter.

Un de nos amis blogueur écrivit un jour sous une photo de la Voie lactée, que le destin de l'homme était dans les étoiles.

— Tu rêves, lui retourna un de ses correspondants.

— Crois-tu ? ironisa le visionnaire ?

— Comme tu le sais, l'étoile la plus proche se trouve à des années lumières de la Terre. Eh bien rends ta calculette, pianote et constate : tu seras au cimetière avant d'avoir franchi le centième du trajet, s'est gaussé le maître du temps, écologiste par ailleurs et militant de la décroissance.

Devant son écran, le blogueur eut alors ce sourire : n'avons-nous pas marché sur la lune ainsi que nous en avions rêvé ?

Nous vivons dans un tout, ce dont nous rêvons doit se réaliser. Ce que nous nommons utopie est la manière qu'a l'Esprit de nous ouvrir les yeux, de nous éveiller à une loi voulant que l'imaginé d'aujourd'hui soit destiné à devenir la réalité de demain. Impossible à l'esprit humain de ne pas concevoir ce que conçoit l'Esprit.

George Lucas, dans la Guerre des Étoiles, l'a démontré avec éclat : la fable qu'était son film allait passer avant longtemps dans la réalité, ce qui vient de se produire. Le petit groupe humain qui se révoltait contre l'autorité d'un empire de robots et de clones, contre un empereur imposant à la galaxie sa puissance implacable, s'est transformé trente ans plus tard en ce que vous avez entrepris, frères et sœurs en gilets : au-delà de la simple révolte, la lutte pour une notion que le grand esprit des Cherokees, l'esprit de Sitting Bull (ou, si vous préférez, l'Esprit de l'univers) glissa dans votre génome lors de la conception de l'Homme. Cette notion que vous menez à éclosion est la devise même de notre République. Une devise dont l'universalité nous met en lien avec le monde.

Ce film n'était sans doute qu'un divertissement, et c'est ainsi qu'on le reçut. Mais il nous faut admettre, avec le recul, que ce qui se préparait en douce, sous l'apparence d'une saga imaginaire, était la formidable épopée dont vous venez d'écrire la première strophe sous les coups de matraque des soudards de l'Empire. Tant et si bien que l'Empire de Lucas, de chimère qu'il était, est devenu sur les Champs-Élysées la citadelle que nous allons abattre.

Une citadelle bâtie de pouvoir d'argent. Bâtie des monstruosités de la Finance et du Marché, du profit à court terme, de l'union de la fortune mondiale et de la CIA, et de l'US Army, et de la Royal Air Force et de toute caste décidant, en plein accord avec le diable, que nous avons suffisamment désobéi, que nous coûtons trop cher, que nous en voulons toujours plus, et que cela suffit.

Sitôt les robots opérationnels, Il sera temps de ramener le cheptel humain à un nombre acceptable de têtes.

De fil en aiguille nous passons ainsi de "Star War" à "Terminator", puis à "La Révolte des Machines", et pour finir à l'holocauste qu'on prédit.

L'enfant racine

Deux ans après la fin de la seconde guerre mondiale, à une époque où MacDo, Nike et Coca Cola ne cachaient encore ni l'horizon ni le champ de blé, une petite ville de province…

L'enfant dont il va être question, un garçonnet de quatre ans, ne se soucie de rien. Le présent l'habite, il prend l'existence comme elle vient ; si bien que chaque matin lui apporte la promesse de nouvelles découvertes À défaut de l'auto à pédale que son père sans le sou ne lui a pas offerte, il possède un cyclorameur sur lequel il parcourt la rue où habitent ses parents. Cela entre le mur du cimetière qui la limite à l'est et le monde buissonnier qui la borde au couchant.

Se situe là, à la croisée de quatre voies, une ferme où caquette une volaille aux yeux vifs en direction de laquelle il tire la langue en s'en allant, une laitière de fer lui battant le mollet, chaque soir chercher le contenu du bol de son petit déjeuner. Dans cette rue donne un passage d'une centaine de mètres, *vulgaire chemin de terre bordé de jardins en friche et de maisons aux volets clos. Peu de circulation en ce matin de soleil, aucune voiture à l'horizon, pas le moindre cycliste, ni le moindre passant. Personne d'autre que lui.*

Vêtu comme à l'accoutumée de la barbotteuse qu'on lui fit enfiler avant de le laisser filer, il se promène une trique à la main. Peut-être est-il venu cueillir des mûres, peut-être simplement flâner, autrement dit meubler sa matinée. Il fait beau, c'est l'été, flotte dans l'air un parfum de bonheur, un appel à quitter le droit chemin, à poursuivre les hirondelles, à s'élever avec elles dans le vertige du ciel.

Soudain, nul ne sait comment ni pourquoi, dans la chaleur grandissante et le crissement des insectes, les boutons de sa barbotteuse, entre ses cuisses de sauterelles, se sont si bien défaits qu'il s'est retrouvé fesses à l'air, zizi au vent, zizi à portée de regard.

Zizi doté de sa propre existence, pointé en direction d'absents qui n'auraient pas compris en quel embarras, en quelle exaltation (il n'avait cure de préciser) venait de le plonger la déficience de trois boutons-pression.

Dureté plus formidable que celle d'un

pieu, plus redoutable que celle de ses crayons de couleur, et qui s'appropria si bien le peu de poids de sa personne qu'il se senti soulevé porté par une contraction de l'espace à des hauteurs vertigineuses. Et ce qu'il ressentit dans cette incandescence le dota du pouvoir de flotter dans le bleu lumineux, de se voir s'y ébattre avant de retrouver son poids, de revenir à l'ordinaire dans la poussière de son chemin. Interdit, vidé de sa substance, abandonné et tremblant, essoufflé, il bascula dans une solitude qui ne le quitterait plus.

Que lui est-il arrivé, à ce gamin devenu un homme et présentement parti, sur le béton d'une société qu'il ne comprend pas, à la recherche d'une porte ouvrant sur quelque chose de doux, de tendre, de chaleureux. De quelle puissance obscure montée on ne sait d'où, lorsqu'il était petit, fut-il un instant le jouet ?

De quelle inconscience provient ce qui nous pousse, fillettes et garçonnets aux genoux éraflés, à nous grandir sans le dire à personne, à nous cacher de nos parents pour nous confronter à ce qui nous dépasse ?

On nous dira que c'est l'instinct, la pulsion de la vie, le souffle de l'existence… Mais nul n'éclairera la raison pour laquelle, dans un accès brutal à la puissance du sexe, la plupart d'entre nous, contrairement au plaisir qu'ils éprouvent en dévorant leur tartine de quatre-heures, éprouvent un sentiment de honte.

Une sorte d'effroi, un semblant de panique semblable à celle qui s'empara du premier couple humain après qu'il avait porté à sa bouche, en se cachant du Créateur, le fruit juteux de l'accès au savoir.

Esclavage et Empire

En vertu de la compétition universelle, c'est au pays qui aura le plus de médailles et le plus de prix Nobel, à celui qui plantera le premier son drapeau sur la Lune et qui se persuadera que son pouvoir est le couronnement de son génie.

Comme si l'humanité, au seuil d'un troisième millénaire qui ne s'annonce pas le meilleur, avait encore besoin d'un César d'un Jupiter installé par les banques à la tête d'une République de moins en moins démocratique, de moins en moins sociale malgré que sa constitution le veuille.

Comme si l'humanité n'avait pas la maturité suffisante pour se diriger à sa guise. Comme s'il lui fallait s'en remette à des représentants n'en faisant qu'à leur tête, menant leur nation comme une start-up à hisser au sommet, le gouvernement qu'ils dirigent comme un staff à leur botte. Ceci en vertu du caprice des investisseurs, et non de la volonté générale comme cela devrait être. Si nous sommes en démocratie, pérorait un ministre au journal de treize heures, c'est que la France est un pays adulte, capable donc de choisir, de régler par elle-même ses différents problèmes.

Eh bien, apportons à ce serviteur d'une République indivisible, laïque, démocratique et sociale, ce qu'il souhaite entendre. Mais avant de lui mentir, voyons les avantages et les inconvénients de la représentation du peuple par ses élus. Et puisque nous ne sommes pas exactement satisfaits de notre démocratie, que nos élus ne nous réjouissent pas plus au plan du cœur qu'à celui du portemonnaie, voyons de quelle façon il nous serait possible, dans l'intérêt du plus grand nombre, de pallier ses dysfonctionnements, de nous mettre à l'abri de ses crises.

En fait de démocratie, il s'agirait plutôt d'une la main de fer. Plus précisément de la poigne du capitalisme, seul système ayant su, selon ses défenseurs, développer l'industrie, augmenter les niveaux de vie, faire que règne entre les nations une paix effective. Mais en fait de paix, ainsi que constaté, il s'agirait plutôt d'un combat de chiens décidés à se gaver de la richesse commune, elle-même résultant du labeur d'autrui, du harassement de milliers d'esclaves, de centaines de milliers de paysans de millions de travailleurs enchaînés aux machines, aux pointeuses, à la peur du chômage… Et comme rien ne change, qu'on se contente de remplacer le fouet par les chausse-trapes de la publicité et du crédit, pas de quoi se pavaner.

Mais de quoi réfléchir.

En dépit des affirmations du ministre, nous ne raisonnons pas en adultes mais en fonction des seules pulsions de l'enfance, en fonction de l'intérêt de chacun au lieu de l'intérêt général. Et si, pour visualiser le global, nous passons du point de vue de la personne à celui de la nation, nous constatons que l'Amérique ne se soucie du reste du monde que dans la mesure où il s'oppose à leur hégémonie, ou au contraire la leur permet. Comportement identique côtés russe et chinois, même chose concernant les gouvernements arabes, pour nous dignes d'intérêt dans la seule mesure où, autorisant Tel Aviv à mener en toute impunité ses conquêtes coloniales ils permettent aux Israéliens de conforter leur domination sur les Palestiniens décrétés encombrants, comme ils le furent eux-mêmes sous le régime nazi.

D'autres exemples de ce comportement nous sont fournis à propos de la Libye, de la Syrie et de l'Iran, dernières nations à refuser de se soumettre au libéralisme US. En conséquence, ont entrepris de les mettre à genoux les compères Trump et Netanyahou, personnages aussi sincères et respectables l'un que l'autre. Même tableau hilarant si, depuis Budapest, on se tourne vers la Communauté européenne à laquelle appartient la Hongrie : en vertu du chacun-pour-soi, hors de question pour elle d'accueillir le moindre réfugié fuyant les bombardements. Et pendant que nous laissons femmes et enfants se noyer en Méditerranée, le réchauffement climatique s'accélère, la pollution augmente, les populations manquant d'eau potable lorgnent vers les piscines de celles qu'elles rafraîchissent. Et la haine de grandir, le racisme de se répandre, la peur d'isoler chacun dans la prison de son propre égoïsme.

D'autant plus effarés que nous possédons les outils de la prospective, nous commençons à entrevoir ce qui nous guette si nous ne parvenons à établir entre les peuples, comme nous aurions dû le faire entre nos citoyens, un minimum d'égalité. À défaut de quoi nous risquons tous, humains et animaux confondus, de disparaître sous le résultat de l'incompétence et de l'aveuglement.

Pour améliorer le rendement de ses hectares, nourrir sa famille et rembourser sa banque, le paysan doit labourer de plus en plus profond et de plus en plus vite, écrabouiller par la même occasion les vers de terre qui enrichissent le sol. Si bien qu'il lui faudra, s'il désire une récolte correcte, utiliser de plus en plus d'engrais, de plus en plus de pesticides. Ces intrants vont empoisonner les blés, souiller l'eau des rivières, atteindre les poissons qui finiront dans nos assiettes. Et l'État fait de même lorsqu'il emprunte au marché pour alimenter ses services publics, à moins qu'il ne préfère les vendre à des fonds de pension étrangers. Ainsi, pour continuer de se vautrer dans le gras de l'abondance, lui faut-il se détourner de ses propres ressources, faire appel au crédit, se soumettre au privé.

Cessons de regarder par le petit bout de la lorgnette, oublions le gasoil et les taxes, portons-nous en pensée vers le sommet du monde… Et là ouvrons les yeux, profitons de l'absence de nuages pour nous vider la tête avant de nous réintroduire dans le tableau d'ensemble, et que tout s'harmonise.

L'altitude nous aura fait comprendre que tout est lié, que le profit des uns engendre la grimace des autres, que la disparition des insectes dégrade l'espèce humaine, qu'à la désorientation de l'abeille correspond sous nos crânes une dégradation dont les effets, décrits par Alzheimer, sont de jour en jour plus accablants Et nous voici qui lançons pétitions et alertes sur les réseaux sociaux contrôlés par Picsou, et qui nous agitons dans le sauve-qui-peut d'une fourmilière brusquement dévastée.

Cessons de bêler en cœur. Plutôt que d'aider le fermier à payer son tracteur et l'État à se renflouer, prenons la décision de supprimer le crédit, d'effacer les dettes, de remettre les compteurs à zéro. Et qu'aillent au diable, en compagnie de leur frustration et de leur manque à gagner, les managers qui entendaient nous faire maigrir !

Que vaut-il mieux : venir en aide à la famille africaine qui se noie, ou mettre un terme au commerce des armes, de la sorte éviter les noyades ? Pour nous, gilets jaunes, la réponse coule de source. Mais il n'en va pas de même pour notre Président ni pour ses affidés. Ceux-là n'ont pas bénéficié des leçons de l'école publique, ceux-là n'ont fréquenté que les officines d'un l'Empire n'ayant que faire de notre République. Nous ne sommes pour lui que des variables d'ajustement, des pions qu'on prend entre le pouce et l'index, qu'on change de case ou qu'on met à l'écart.

L'Empire est notre ennemi, il nous le prouve chaque jour. Que vous le sachiez ou non importe peu, vous êtes le peuple, c'est face à sa mauvaise odeur qu'un matin de novembre, dans vos gilets de naufragés, vous vous êtes assemblés.

Sous son côté rutilant, cet Empire en déclin n'est qu'un agrégat d'égoïsme, un agglomérat de prétentions, un conglomérat d'artifices. Mais il n'est pas à proprement parler la caricature du corbeau serrant dans son bec le fromage qu'il vous a dérobé. Remis au goût du jour, il offre à présent le visage du jeune homme flamboyant, du vainqueur au sourire enjôleur. Mais sous ce maquillage, sous cette supercherie, se dissimule ce que recouvrent le capitalisme et la finance, le travail forcé, la misère du manant, l'obéissance du salarié, l'épuisement de l'infirmière. À ce plaisant tableau encore faut-il ajouter l'uniforme des forces de l'ordre, de l'injustice et de la bienpensance ; ainsi que ceux de la CIA et du Mossad, et de la NSA, et de tous les malins jouant à découper la vie en tranches, la société en classes, les villes en cibles du commerce : créateurs de richesse dans les palais de la noblesse, bobos au cœur de la cité, serviteurs en périphérie et nous… nous à Pétaouchnock !

Là est notre châtiment, frères et sœurs. Là nous guettent les sauterelles, les poux, la mort des nouveau-nés, les sept laies de l'Égypte… Mais si la citadelle n'est pas aussi invulnérable qu'on le dit, sachons qu'elle offre à ses adversaires, dans les pays qu'elle domine, le maquillage adapté : aux Etats-Unis ceux de la CIA du Pentagone, et de la Federal Reserve, en Angleterre celui la City de Londres, à Hong Kong celui de la Hang Seng Bank, etc. Si bien que nous avons en face de nous les principaux parpaings du mur contre lequel, si Emmanuel Macron poursuit sa descente en fanfare vers les tréfonds de l'indignité, et si nous-mêmes le laissons faire, vont se fracasser nos troupes.

Quant à la forteresse veillant au destin de la France, elle se dissimule sous la Bastille de Bercy, haut-lieu de la Finance et de la Foudre.

Boycott

L'univers forme un tout, un infini dont les points lumineux sont liées par l'Esprit, une globalité au sein de laquelle planètes, galaxies et atomes interfèrent. On ne peut en éliminer le moindre grain de poussière sans que l'information ne s'en répande, sans que l'écho ne s'en répercute en tous points de l'espace.

Dans de telles conditions, avec ce qui se trame sous les boucliers des forces de l'ordre, difficile d'aller bien, plus difficile de progresser. Alors que paraissent les robots et que l'intelligence artificielle se glisse jusque dans les téléphones, nous autres Homo sapiens (hommes qui savons) et même Sapiens sapiens (qui savons que nous savons) stagnons devant la porte close de la liberté autrefois conquise, de l'égalité décrétée, de la fraternité entre les hommes. Nous poursuivons depuis la nuit des temps l'idéal pour lequel nous luttons, celui contre lequel s'acharnent nos élites. Rien cependant ne nous détournera du poste de commande actuellement occupé par la corruption, l'immonde et le n'importe quoi. Nous allons enfoncer sa porte et poignarder le monstre, le regarder se noyer dans son sang. Et si un de ses avatars nous arrache nos gilets, si un juge nous traîne devant son tribunal, nous changerons de manière.

Qui vous dira le dépit des puissants à la vue d'une contestation non plus hurlante mais apaisée, assise au centre de la place publique, certains lisant Karl Marx d'une voix chantante, d'autres leur répondant par des vers de Hugo et des citations de Jaurès, d'autres enfin se partageant des joints tandis que des affiches invitent le Président à se réveiller, puis à abdiquer, enfin à s'en retourner d'où il vient… Et savez-vous ce que nous partagerons en frères à l'heure du déjeuner, gilets jaunes aux joues rouges ? Des pommes de terre en robe des champs, du saucisson et des produits de la permaculture… Interdit désormais d'engraisser le profiteur.

Lequel, au moment de partir au diable, nous aura remis gracieusement la clé de son hypermarché.

R2D2 & Z-6PO

Tandis que nous festoyons au vent glacé des ronds-points de janvier, sous la bonne mine de nos responsables se lit une inquiétude que ne dissimulent ni langue de bois, ni indices de satisfaction. Comme l'agriculteur dont il fut question, ils sont traqués par l'obligation de ramener la dette dans la limite que leur impose Bruxelles, par le peu de temps qu'il leur reste avant de se représenter devant les électeurs et, cerise sur le gâteau, par l'obligation de résultats visés et approuvés par Alpha Go. Ce sont en effet des algorithmes et des puces qui jugeront demain de la bonne marche des affaires, attribueront à untel ou untel le César du meilleur manager. Et si le peuple ne sort pas ses griffes, s'il ne s'insurge pas contre les automates et leurs posthumanisme, transhumanisme et procréation assistée, Adam et Ève auront droit au repos, curés et bonnes-sœurs de même. Nonobstant la raréfaction du travail et l'accroissement du chômage, trois cubes d'acier surmontées de luminescence et d'antennes auront avec succès secondé, puis remplacé les têtes de bois d'une intelligentsia ayant cru tout savoir.

Toutefois, avant que les cerveaux de synthèse ne se soient en mesure de jeter à la rue les PDG trônant sur des sièges éjectables, avant surtout que les serviteurs du Prince, dans leur désir de bien faire malgré qu'ils ne voient ni ne comprennent ne prennent le TGV de la néo-modernité, il est indispensable que le peuple habité d'idéaux contraigne ceux qu'il élit à lui rendre des comptes.

Ce devrait être la logique, mais ce n'est pas avec la tête que fonctionne la cinquième république, tant s'en faut. Sa tête est mal en point, la vérité lui échappe, elle ne dialogue avec le citoyen que protégée d'un casque et de derrière un bouclier. La démocratie dont on nous rabat les oreilles fut mise en bière le jour où un certain Nicolas, transformant en un Oui le Non que le peuple français avait jeté à la face de Bruxelles, essuya ses mains sales sur la robe de Marianne.

Digne de Charlie Hebdo, notre démocratie ferait se retourner dans leurs tombes les sans-culottes de 1789, les insurgés de 1848, de même le peuple de la Commune, de même les rédacteurs des "Jours heureux". Tous furent trahis par la volonté des Rapetou d'accumuler les capitaux qui serviraient plus tard à bâtir les multinationales dont nous voyons depuis peu s'amplifier les méfaits. Si bien qu'en moins d'un siècle disparut toute idée du sacré.

Bosse, analphabète, avale ta soupe et consomme… Telle est pour les siècles des siècles la devise d'un matérialisme censé apporter le bonheur, encore que la tête de certains nous permet d'en douter. On s'attendait à voir triompher le libéralisme lors de l'effondrement de l'URSS, mais les sourires contraints laissaient percer le doute. L'ennemi s'écroulait, la résistance qu'on lui avait opposée n'avait plus raison d'être, mais rien ne disait que notre tour n'allait pas arriver…

Dix ans plus tard, la main du Prophète pulvérisait le World Trade Center, deux tours s'engloutissaient dans un nuage de débris. Et, comme si cela ne suffisait pas, Lehman Brothers disparaissait sept ans plus tard, soufflé par l'ouragan… À croire que les tenants de l'Empire n'avaient rien vu venir, qu'ils n'étaient bons à rien, qu'ils ignoraient la puissance des symboles.

La victoire apparente de la chose sur l'idée, de la monnaie virtuelle sur le bonheur de faire, de l'austérité sur l'horizon du cœur… eh bien cette apparente victoire n'est que le signe du passage périlleux de l'insouciance à la maturité.

Aux yeux de l'ingénieur packaging, aucun doute n'est de mise : pas de comparaison possible, au niveau du bifteck produit par les Mille Vaches, entre le papier journal dont on l'enveloppait hier et la barquette qu'utilise aujourd'hui le boucher, non plus qu'entre les restes de gazette cloués à la porte des gogues et le papier soyeux des toilettes de MacDo. À ses yeux, toute nouvelle création atteste d'un progrès, lui-même en est la preuve. Comparé aux tenues des générations antérieures, on costume sur mesure et sa cravate aux normes illustrent le bond en avant de notre civilisation.

Seulement, vous savez quoi ?

Ce packager si confiant, si fier de ses produits, va être coiffé au poteau par le droïde R2D2, frère de Z-6PO, qui le destine à la fonction de larbin.

Changement

Changement climatique, passage du mouillé au sec, du sec au transpirant et de l'inondation aux larmes... cela doublé d'un fabuleux changement d'outil. Nous voici passés, en à peine deux siècles, de la machine à vapeur à l'électronique et de l'électronique à l'ordinateur, avec en corollaire un changement brutal dans les manières de travailler.

Si cette double évolution n'entraîne pas une métamorphose de la société, ni n'exige une constitution nouvelle, disons même un changement de civilisation, c'est que nous n'aurons rien compris à ce qui nous arrive, ni à la manière dont s'équilibre l'univers. Que nous n'aurons toujours pas saisi que nous appartenons au monde, que nous sommes nous aussi en perpétuelle évolution. Que si le temps se figeait, l'immobilité générale en laquelle s'inclurait la nôtre sonnerait la fin de toute toutes interférences, le glas de toutes espèces vivantes.

L'individu est unique, l'humanité l'est pareillement. L'un et l'autre forment une pâte qui ne commence à lever qu'après une période de gestation, de sommeil apparent, d'attente assez peu différente de celle que vit la larve d'insecte lorsqu'elle passe, par le biais de sa chrysalide, de son état antérieur à celui de papillon.

Durant une gestation à ce point silencieuse qu'on la croirait sacrée (ce qu'elle est à coup sûr), la mutation s'accompagne de l'intervention de l'Esprit — on pourrait dire de Dieu, mais laissons cela pour le moment.

Comme en la nymphe d'une libellule, l'embryon humain se développe en suivant à la fois la voie de la génétique et l'enseignement dont l'univers pénètre ses cellules. Le futur nourrisson, lié à son origine par un cordon qui représente la corne d'abondance, baigne à la fois dans l'océan de sa genèse et dans le fluide immatériel qui le prépare à s'intégrer à son espèce, à se reconnaître en ses semblables, à communiquer avec eux sans qu'il soit besoin d'autre chose qu'un sourire. Et c'est ce même fluide, ce même transmetteur de savoir qui lui permettra plus tard de franchir les années-lumière et n'en déplaise au revêche à qui cette intuition déplut, d'aborder l'infini incarné en chaque être vivant.

Si l'espèce humaine est unique, chacun de nous l'est pareillement, comme il est lié pareillement à la Terre et au monde. Au point que si nous oublions le détail, nous constatons que l'évolution de notre personne (de notre Moi) et celle de notre espèce (de notre Nous), passent par des phases en tous points identiques.

Le Moi et le Nous ayant ainsi fusionné, vous affichez en une protestation unique nos revendications diverses et ne pouvez que vous réjouir, frères et sœurs, du lien qui s'établit entre le général et le particulier, preuve s'il en est de la remise en marche de notre évolution. L'erreur qu'a faite Macron avec ses taxes a réveillé en vous l'Esprit dont le capitalisme avait cru vous défaire. Pas de chance, voici qu'il se réveille, et vous voici ses messagers. Vous êtes ce qu'il y a de plus précieux dans notre monde à l'envers, de plus généreux, de plus prometteur. Vous êtes l'avenir d'une France lumineuse, d'autres gilets vont vous rejoindre, vous incarnez la l'humanité.

Misérables débats que vous a instaurés, entre de sombres rangées de soudards, un Macron qui désire à tout prix conserver ses prérogatives. Et qui s'affirme le plus grand en vous faisant passer, vous, peuple en éveil, pour un salmigondis de braillards, de beaufs, de racistes etc. — une honte, un scandale ! Ce président sans pudeur, qui met en scène son propre narcissisme, n'a d'existence que pour les non-voyants, les investisseurs à la petite semaine et les spéculateurs, les partisans d'un Empire revu par les stylistes, dépoussiéré par les médias et les tricheurs les affabulateurs, les tribuns au rabais.

Que cet énergumène s'arrache à ses fantasmes, oublie ses maîtres et retourne chez lui nous laissera indifférents (avec en bouche, malgré tout, un relent d'amertume).

Notre rôle ne se limitera pas à chasser ce guignol. Notre entreprise va se poursuivre, nous mener à la main qui en tire les ficelles. Nous devrons encore fouiller, gratter, extraire de l'Histoire de quoi nous faire revivre, et de l'avenir de quoi nous faire briller.

Malgré les injures et les coups, notre nombre grossit.

Les écuries d'Augias

Vous incarnez le sursaut d'une France incomprise, maltraitée, vendue à qui veut s'essuyer les pieds avant de pénétrer dans l'antre des gangsters. Vendue comme l'ont été ses autoroutes, comme le seront demain ses ports, ses gares, ses lignes de chemin de fer et bientôt ses îles, ses plages ses montagnes, ses forêts, ses ruisseaux et ses fleuves. Vendue pour quelques sous aussitôt dépensés, vendue pour moins que rien, jetée comme une serpillère souillée. Et vous voici qui vous dressez et dites non qui vous assemblez autour du ras-le-bol général et soupesez, additionnez, multipliez les revendications. Et ça fonctionne, vous prenez de la hauteur, votre voix s'éclaircit, les bobos tirent la gueule.

Vous êtes le renouveau d'un peuple qui vous approuve. Vous avez réveillé l'espoir enfoui dans le cœur de chacun, vous nous avez rendu notre fierté. Les peuples frères vont nous emboiter le pas, vont traduire en justice ceux qui ne sont au pouvoir que pour nous dominer, s'emplir les poches en siphonnant les nôtres.

Mais ne voilà-t-il pas qu'un intellectuel, un littérateur parvenu au sommet de la gloire, un bobo sûr de lui, certain d'appartenir à l'élite, se met en scène sur les réseaux sociaux. Alors que s'annonçait sur la ville de Bourges un déferlement de casseurs, le voici qui défile, seul dans les rues de la ville, et qui insiste à n'en plus finir sur l'absence de banderoles, de foule et d'arroseurs de foule. Puis qui s'honore de porter un gilet sous son manteau de riche. Mais pas un gilet jaune — que non ! Un gilet aux couleurs de l'Écosse, aux couleurs du whisky, des bonnes manières et de l'avarice. Un gilet écossais du genre de ceux dont on protège de la grêle le "chien à sa mémère"… de quoi hurler de rire.

Nous n'avons pas hurlé mais nous avons serré les poings, avons saisi la plume et rapporté pour vous ce qui ne sera qu'un aparté, une plaisanterie d'entre café et pousse-café, le rot de satisfaction du chihuahua sorti de sous la table où se trouvai sa pâtée… Mais la réclame a ceci de particulier qu'on peut la voir à différents degrés et sous différents angles… À lui seul, à lui tout seul sous le crachin, en une absence dramatique de matraques, notre plaisantin ressemblait, en sa vêture de mal aimé, à un roquet perdu. Il exhibait ses crocs malgré qu'il larmoyât, aboyait au passage d'une caravane lui refusant l'applaudissement qu'il espérait. D'où son dépit d'accro au Jack Daniels qu'on ne lui servait pas, son sourire de travers et ses provocations.

Pauvre bobo prisonnier de ses privilèges, pauvre bourgeois dépité devant le défilé de ceux qui ne le voient pas.

La bienveillance qui est la nôtre nous souffle malgré tout de leur pardonner et de leur tendre la main et — à condition qu'ils acceptent de se crotter sur le sol détrempé de nos ronds-points, là où pataugent les camionneurs à la ramasse, les boxeurs à la manque, les travailleurs ignorants de toute chose, y compris de Houellebecq. Et de les inviter au comptoir des prolos à lever le verre de la fraternité.

Ces gens cependant, acoquinés qu'ils sont à l'univers de la mode et du look, en vérité à la futilité, sachons-le, n'appartiendront jamais au peuple. Le peuple les dégoûte. Ce qu'ils aiment c'est paraître, frimer dans les quartiers branchés où se pressent leurs semblables, et que le monde les aime…

Leur cas n'est pourtant pas désespéré, leur reste une dernière chance. Sitôt que la gendarmerie sera rentrée dans ses casernes, que notre Président aura fait ses cartons et quitté son palais, nous les verrons raser les murs et se soumettre, se prosterner aux pieds de leurs nouveaux maîtres, puis tenter de refaire surface.

Réussiront-ils ? Nous pouvons en douter. Dans le monde que nous préparons, tant qu'ils n'auront pas compris les propos du chef sioux, ils resteront à baver devant leur propre vide.

Ne tentons pas de les convaincre, la vache enragée dont ils devront se contenter le fera mieux que nous.

Il nous faut nous garer des soudards, venir à bout des adjudants qui leur ordonnent de viser la tête, nous emparer des banques et des grandes entreprises, laver à fond les écuries de la honte.

Lessive de printemps

Balayer le passé ne sera pas une mince affaire, attendons-nous au pire du pire. Préparons-nous aux hurlements des hauts-fonctionnaires que l'abolition de leurs privilèges va meurtrir, aux braille-ments des dirigeants d'entreprises (pas les petits mais les gros, et au pluriel étant donné qu'aucun d'entre d'eux ne se satisfera d'une seule source de revenus) qui verront la démocratie s'immiscer dans leurs comptes, verront tarir pareillement la vache-à-lait de leurs émoluments et de leurs frais d'essence de leurs frais de bouche et frais d'hôtel, frais de réception, frais de braguette et le reste à l'avenant. Il semble en effet évident, pour nous qui comptons coiffer Jupiter au poteau et lui reprendre la souveraineté qui nous appartient, que nous ne supporterons pas longtemps les peaux de banane aban-données ici et là pour les besoins de la vengeance, ou jetées sous nos semelles par la main du marché.

Viendra ensuite le tour des banquiers récoltants et des faucheurs du blé d'autrui

Après nous avoir ponctionnés en connaissance de cause, ils vont en prendre pour leur grade… Tant pis pour eux, ils auraient dû songer au préalable aux coûts du kilowatt et de la bouteille de gaz, aux taux usuraires des prêts, au prix du mètre carré dans la rue des martyrs, aux frais de réparation de la voiture de l'ouvrier. Mais ils n'ont cure de l'ouvrier, ils ont à gérer leur pognon au plus près de la Bourse et de la loi du plus fort, du plus avide et du moins regardant dans les soirées ou s'acoquinent, sous les yeux du showbiz, ministres et truands, professionnelles du charme et regards désabusés.

Quant aux gardiens de la paix (hormis leur hiérarchie confrontée à ce choix cornélien : ou bien y laisser sa peau, ou bien oublier le pare-balles et endosser le nylon), rien ne les empêchera de nous rejoindre. Cela pour le milieu de la pyramide car les gradés du haut auront les honneurs d'une cellule particulière, d'un tatami, d'un litre de soupe et de deux bols de riz par jour. À moins qu'on ne leur mette un boulet au pied, qu'on ne leur fasse ramasser le lisier des ronds-points, l'entasser sur charretons et, dans leurs costumes de PDG en loques et leurs souliers merdeux, le tirer vers l'usine à cochons, l'y déverser et revenir charger. Quant aux Rockefeller, JP Morgan et

Chase Manhattan ayant tenté de nous imposer l'Empire, ayant quasiment réussi mais ayant vu leur ouvrage leur péter à la gueule, ils se seront terrés dans quelque cache ignorée du public, dans quelque trou à rat dont nous n'aurons qu'à surveiller l'accès (à moins qu'on ne le bétonne et basta, extinction des chandelles). La terre ainsi débarrassée de ses prédateurs, nous pourrons replier nos banderoles, remiser nos barres de fer et nos boules de pétanques, remettre les pavés en place et nous congratuler.

Mais ce n'en sera pas fini. Remise à plat générale, démolition des centrales nucléaires et des péages autoroutiers, arrachage des radars, des barrières, des horodateurs et des caméras de surveillance, enfouissement du mondialisme, du capitalisme et des cadavres de leurs gestionnaires, de leurs actionnaires et d leurs gardes-du-corps.

Au fronton de leur dernière demeure seront ensuite gravés ces mots :

ICI REPOSENT

W. BUSH, DONALD TRUMP ET
CONSORTS,
AINSI QUE LEURS AMIS BLAIR,
MACRON ET NETANYAHU,
BIENFAITEURS DE L'HUMANITÉ

*

HONORONS-LES
D'UNE MINUTE DE SILENCE.
LEUR HORREUR DU CHANGEMENT,
LEUR PEUR DE L'INCONNU,
NOUS ONT DONNÉ
L'OCCASION DE RÉFLECHIR ET
D'ÉVOLUER,
DE GRANDIR
ET
DE PARTAGER

*

Requiescant in pace

L'enfant moisson

Il porte une chemisette, une culotte courte maintenue par des bretelles. Il a grandi. Il a déménagé. Il a maintenant huit ans.

C'est un dimanche d'été, l'heure des vacances a sonné.

En ce début d'après-midi il enfourche une bicyclette beaucoup trop grande pour lui, mais il s'en débrouillera. Il a pour projet d'explorer l'alentour.

Il franchit en danseuse le pont qui enjambe la tranchée du tacot passant deux fois par jour en contrebas de son domaine, s'engage sur une ancienne voie romaine, soulève un nuage de poussière. Au bout de trois cents mètres, en nage et rougeoyant, le mollet douloureux, il met un pied à terre, s'accorde trois minutes. À sa droite le stand de tir où s'entraînent chaque semaine les harkis dont il récupère les mégots, à sa gauche le bois de sapin qu'il se promet d'explorer. De là où il se trouve, on ne voit plus la maison de ses parents, dissimulée par les taillis bordant la voie de chemin de fer.

Il songe à son copain René, à la cabane qu'il va s'agir de protéger des Dumand gnin-gnin-gnin, dont le meneur arbore une tronche à *faire peur… Et le voici reparti, qui pédale à présent sur du plat, aborde une légère descente menant à une côte que la vitesse acquise lui permet de gravir sans effort.*

Son copain René envolé dans les remous de l'air ainsi que la cabane et les gnin-gnin, il se retrouve dans le silence magique d'un champ de blé enluminé de coquelicots, de marguerites et de bleuets. Et le voici bientôt, ivre d'azur et de soleil, ébloui d'or et de bleu, qui abandonne son vélo et s'introduit, sous le regard d'une alouette en vibration stationnaire, parmi des fleurs qu'il ramasse par brassées, qu'il fixe à son porte-bagages et qu'il ramène chez lui.

Enivré de la profusion des parfums, soûlé d'or et d'azur, suivi par un oiseau qui battait furieusement des ailes, battait joliment des ailes, battait simplement des ailes dans le bleu de l'été, il allait son chemin.

Soûlé du monde, environné d'une campagne prolifique, protégé de l'ennemi par une vastitude dont les parfums, les couleurs et les chants se gravaient en lui à mesure qu'il pédalait, il filait vers demain…

Capitalisme et Niagara

Quelques années après la seconde guerre mondiale, la France en reconstruction vaquait en toute quiétude, comme le garçon des blés, vers un avenir prometteur. On ne s'inquiétait d'aucune des horreurs qui nous accablent aujourd'hui, le travail abondait, le fameux ascenseur social fonctionnait à merveille, la fille de l'ouvrier devenait institutrice, son petit-fils entrait en faculté et devenait ingénieur Creuser son trou n'était pas toujours simple, mais le chômage et la rigueur qui nous assombrissent présentement nous font qualifier de glorieuses ces décennies enfuies. Nous prenions le temps de tailler la bavette en nous épongeant le front, de nous rouler une clope tandis que nos garçons jouaient aux billes, nos filles à la marelle. Aujourd'hui, en revanche, le cliché que nous laisserons derrière nous sera celui d'une agonie sur le radeau d'une triste Méduse.

Gavés d'informations invérifiables, bardés d'électronique et de gadgets, nous inhalons allègrement des particules aussi cancérigènes que fines et, yeux clos et oreilles bouchées, nous dérivons en direction d'un gouffre qui, si nous ne parvenons à l'éviter, ne nous laissera aucune chance.

Le garde-fou du rocher ne représente pas seulement un espoir de survie, non plus que l'espérance d'un monde meilleur mais il nous fait comprendre la nécessité de lutter pour de ne plus devoir au XXIème siècle, comme il en fut au Moyen Âge, nous battre pour manger à notre faim, dormir au sec, élever nos enfants,

Tout cela met en lumière, à une époque où nous n'avons jamais été aussi développés ni aussi riches, notre désir d'un monde plus équitable, d'une société plus fraternelle. Qu'on se partage enfin le fruit de millénaires d'efforts, de luttes pour une démocratie autre que celle qui nous aura menés à deux doigts de notre fin. Déjà s'élève le niveau des mers, grimpent inexorablement les températures, si bien que la disparition de l'espèce humaine devient du domaine du possible.

« La maison brûle et nous ne faisons rien », déplorait Jacques Chirac… Difficile d'être plus pragmatique. Difficile désormais, pour les ignorants que nous sommes et nos élites qui ne valent pas mieux, de ne pas renifler l'orage.

...nous avons si bien attendu que le coche est passé...

Quel coche, quelle attente ?

La douloureuse, l'immémoriale attente, la réalisation de nos utopies, le gouvernement créatif que nous avons souhaité depuis les barricades du mois de mai 68... Mais nos gouvernements successifs, prisonniers de leur matérialisme suranné, se sont efforcés de nous ignorer, d'enfouir notre impatience dans la masse des idées à combattre (à combattre, vous l'aurez deviné, au nom de la finance, de l'accroissement des affaires, des retours sur investissements et... et de la lutte contre le bolchevisme et le partage — putain... renoncer à nos Rolls, oublier nos piscines, tirer un trait sur nos caprices !...) Or, dans le combat mené par l'égoïsme contre la solidarité, la fraternité et l'idée d'équité, nos Présidents sans exception, de Georges Pompidou à Flamby en passant par VGE et Tonton, furent aussi incapables que notre actuel chef de l'État de percevoir les grondements conjugués de la planète et de ses habitants. La barcasse France alors (pareillement le navire Europe car la France et l'Europe partagent les mêmes idées fausses) de se laisser emporter vers le plongeon final. À croire que nous préférons le poids rassurant de la routine au clair-obscur précédant l'aube... Pire encore, que nous jouissons en esclaves de la domination d'une puissance étrangère.

En délégant sa souveraineté à des incompétents et à des traitres, le peuple français a renoncé à sa liberté. Ce faisant, il s'est enchaîné au convoi du capitalisme et des banques, des multinationales, du profit à court terme. Si bien que le coche de l'imagination, de la créativité et du progrès, le coche de la conscience et de la clairvoyance, a filé son chemin.

Avouons que nous n'avons su, à la fin du siècle passé, nous prémunir contre les tempêtes et bourrasques que prévoyait l'écologie naissante. Que nous n'avons su non plus prendre la mesure de l'horreur que nous désignait dans un livre à succès une femme de lettres visionnaire. Il faut dire à notre décharge les agences de communication (en vérité des fabriques de bobards) s'en donnèrent à cœur joie en affirmant que cette écrivaine égarée ne comprenaient que couic à l'Économie, que couic à la logique du Marché, en bref qu'elle ne connaissait rien à ce dont elle parlait. Ce qu'elle nous annonçait était en effet, en plus du cancer de notre planète, un véritable désastre social avec, en toile de fond, la fin envisageable de notre espèce.

Viviane Forester *L'Horreur Économique*, un million d'exemplaires vendus, face à elle des médias silencieux, des vérités gommées, des évidences que les faiseurs d'opinion s'efforçaient d'enterrer… Mais qui refont surface et qui, répandus autour de notre radeau, interpellent ceux qui les tirent de l'oubli et les ramènent sur nos ronds-points.

La terre n'appartient pas à l'homme, mais l'homme appartient à la terre, écrivait Sitting Bull au président des assassins de son peuple. Or, savez-vous qui a craché sur lui ? Pas le paysan que la course du profit aurait rendu stupide, ni vous qui résistez, mais le yankee accompagné de sa Bible, le cow-boy que l'appât du gain avait rendu mauvais.

Si nous voulons agripper le rocher de la chance, profiter d'un dernier secours avant le bouillon final, passons le capitalisme par-dessus bord. Si l'a poétesse Forester nous avertit de ses dangers quant à la société, René Dumont, agronome et chercheur, le fit de ses effets sur la planète Et ce n'est pas le successeur de Nicolas Hulot, trop bien coiffé pour avoir pénétré le secret des buissons et des landes, qui nous contredira.

Nous appartenons à la Terre, au ciel, à l'attraction terrestre et à la pesanteur. Nous avons en partie dominé la matière, occupons-nous à présent du léger, du transparent, de la faculté créatrice sans laquelle nous ne serions que fantômes.

Gardons-nous d'une croissance n'ayant d'autre but que grossir et grossir toujours plus la fortune de l'Empire, d'augmenter encore et encore sa puissance sans se soucier de la merveille que constitue la vie. Comme si l'argent et le pouvoir pouvaient croître sans fin, comme si le remplissage des poches pouvait activer les neurones. Il n'en est rien, et ce n'est pas l'intelligence aseptisée, l'intelligence artificielle, qui parviendra à nous sauver.

Pour en revenir au bouillon d'après la dernière chance, ce qui nous y entraîne provient de l'accumulation des problèmes jetés au fossé avant le passage des limousines. Pour ne plus les voir, courageusement, les Jupiter ont préféré les oublier, les ensevelir sous l'héritage que nous laisserons à nos enfants. Et ces problèmes sont si nombreux, si imbriqués que nous ne savons par lesquels commencer, sur quelle baguette agir sans que le mikado ne s'effondre.

Si nous ne bougeons pas, si nous demeurons bras ballants, ce qui nous guette dans les années à venir sera plus grave que le naufrage du Titanic. Tout cabanon, tout pavillon, tout HLM se dresse non loin d'un espace où se réfugier, tout navire sur le flanc répand autour de lui suffisamment de planches où s'agripper. En revanche, si notre planète se consume, si son atmosphère devient irrespirable, si son sol dévasté rejette la graine qu'on lui confie, quel avenir envisager, en quel projet trouver refuge ? Même si des milliers de missiles et de bombes ne suffisent pas à nous éradiquer, même si les agonies s'éternisent, que deviendra la poignée de survivants, de quoi se nourrira-t-elle une fois pillé le dernier Super U, pompée la dernière goutte d'essence ? Fini le courant électrique, inopérants les ascenseurs et monte-charges, inutilisables les pompes… Tracteurs et poids-lourds en panne-sèche, automobiles en rideau dans les ronces et l'ortie, approvisionnements repoussés à une date ultérieure. La faim nous ramènera à l'époque de la préhistoire, nous nous entretuerons pour un os, une charogne ou un crouton, à moins que ce ne soit pour la cuisse ou le foie d'un défunt. Auquel cas, retournés au cannibalisme, nous n'aurons rien à envier à Monsieur de Cro-Magnon.

Reprenons-nous, tentons de faire le point. Nous tâcherons ensuite de nous entendre sur la marche à suivre, le protocole à enclencher pour sortir de notre

actuelle misère morale, renaître à l'enso-
leillement d'avant la dictature de
'insolence.

Première urgence : freiner autant que se
peut l'affolement du thermomètre. Pour
les outils à employer, nous en appellerons
aux spécialistes.

Seconde urgence : faire comprendre
aux chefs et sous-chefs que bientôt, faute
de carburant et de chair à canon, leur
odyssée à mille milliards d'euros s'achè-
vera en peau de chagrin.

Qu'ils abandonnent leurs écrans, qu'ils
quittent le champ de bataille et viennent à
nous. Nous leur tendons déjà la main, leur
désignons les blés.

Le vote utile

Troisième urgence : rendre sa souveraineté au peuple, rien n'est possible sans lui. Puis changer de constitution, établir une démocratie qui ne soit pas un masque.

« Mais… nous votons, cher ami, rétorquera le technocrate. Nous élisons les plus compétents, les mieux armés ! »

Ce bobo n'a pas tort. Se présente qui veut bien, l'élit qui l'accepte. Pourtant comme nous l'explique Étienne Chouard, nous élisons, mais nous ne votons pas.

Nous élisons notre Président, nous lui abandonnons notre pouvoir pour cinq ans Il l'assumera pour notre bien à tous et, à moins d'apprécier le Flash-Ball, la matraque et la douche glacée, durant cinq ans nous pourrons lire le journal, écouter les infos, surveiller le roulis, grogner si le cœur nous chavire. Pour le reste, sachant ce qu'il fait, le Prince n'aura pas besoin de notre accord pour signer les traités de Marrakech et d'Aix-la-Chapelle, non plus que pour bombarder le régime de Bachar el Assad, lequel, comme chacun sait, ne méritait pas de vivre. Ni pour menacer Nicolas Maduro, ni pour chanter les louanges du Président yankee. Voyez d'ailleurs avec quelle chaleur ce dernier accueillit Jupiter, brossa les pellicules qu'il avait sur la veste, lui prit la main et l'entraina vers son bureau…

Assez ricané, fermons la parenthèse, demandons-nous quand et pourquoi nous votons.

Si nos souvenirs sont exacts, la dernière fois que nous nous sommes rendus en mairie afin de répondre par un oui ou un non au projet de Constitution européenne, c'est courant 2005, sous le règne de Jacques Chirac.

Les trois quarts de la France, soutenus par la presse, la télévision et les bricoleurs d'opinion, laissaient présager le Oui à une immense majorité. Manque de chance, c'est le Non qui l'emporta — et à 55% s'il vous plaît.

Dépit des rédacteurs en chef, fureur des dirigeants européens, réunion au sommet. Si bien que deux ans plus tard Nicolas Sarkozy put soumettre au Congrès, sous le nom de traité de Lisbonne, une copie conforme du texte rejeté. Même chose du côté de la Hollande, laquelle avait répondu Non trois jours après la France. Cette fois, comme nous savons, les députés et sénateurs hollandais sensés représenter le peuple ont comme les nôtres répondu aux injonctions de leur gouvernement par un Oui franc, massif et immédiat. Preuve s'il en est que les peuples français et hollandais, enfin les peuples, quoi, sont incapables de trancher

Et la démocratie, dans tout ça ?

La démocratie, on s'en bat le coquillard. On la réserve à ceux qui s'en amusent et, en accord avec le Malin, lui tirent la langue du haut des tours de leur Empire — enfin les tours de La Défense, là où s'exhibent Total, LVMH, Allianz, Société Générale, KWERK, Air Liquide, X-Data, Petro+, Petro++ etc. Et à eux la monnaie, besoin de personne à la cuisine, que le peuple dégage, que le peuple la boucle et achète et consomme, car tel est sa fonction

La démocratie on s'en fout, on achève de la bâillonner, et comme l'affirmait on ne sait qui devant un hémicycle inquiet : « Ne soyez pas effrayés par le suffrage universel, messieurs les élus, on lui fait dire ce que l'on veut. » Ainsi fut porté au pouvoir Emmanuel Macron, que nul ne connaissait quelques mois plus tôt mais que les médias se sont arrangés, en un ou deux mois, pour afficher en première page de tous les magazines de France et de Navarre, amener au premier tour, puis confronter à une Marine Le Pen inepte (à moins qu' en secret elle n'ait été sa complice), enfin de le hisser au firmament par les suffrages d'un petit quart des électeurs inscrits.

Caricature ? Un peu mais pas vraiment, et pas à la folie. Car il se passe en France comme partout un phénomène exceptionnel : depuis cinquante ans, à quelque tendance qu'appartienne le candidat que nous portons à l'Élysée, et quel que soit son programme, il poursuivra au millimètre près la politique de son prédécesseur. Au point que de plus en plus de gens préfèrent rester au lit plutôt qu'aller glisser dans l'urne un confetti ne servant à rien. Et puis il y a que la charmante famille Le Pen, depuis son entrée en service, fait office de repoussoir. À chaque élection, elle permet de dévier vers le n'importe-quoi l'électorat d'une gauche intellectuellement suicidée mais que le vote "utile" ramènera à coup sûr dans le giron de l'incontournable Parti socialiste. Difficile dans ces conditions de parler de démocratie.

Notre démocratie, *représentative* s'il en est, appartient au conservatisme, à la peur du changement, en un mot à l'Empire. Lequel Empire n'entrera jamais en guerre pour abattre un régime mais dans le but de libérer un peuple, ainsi qu'il en fut en Irak et Libye (deux millions de morts). Ceci, au nom de la démocratie, pour amener dans les bureaux de vote des survivants en état de choc, et surtout pour porter au pouvoir des hommes de paille représentatifs et soumis.

Cependant, n'allez pas croire que nos bienheureux Donald Trump, Emmanuel Macron, Benjamin Netanyahu, Angela Merkel, Theresa May et consorts soient de réels souverains. Ils ne sont que des pantins. Les véritables dirigeants, ceux qui tirent les ficelles, se font à l'heure qu'il est aussi discrets que possible, se dissimulent dans les coulisses, restent à l'écart de l'applaudissement de leurs marionnettes — mais ne surtout pas le dire : de tels propos, distilleront les manipulateurs d'opinion, relèvent de la théorie du complot !

"Théorie du complot" !… Ici arrêtons-nous, tâchons d'en avoir le cœur net…

Cette fichue théorie, élaborée par les conjurés qui avaient comploté l'assassinat du président Kennedy, est idéale pour transformer les vessies en lanternes, cacher la fausseté d'un haut personnage en attirant les regards sur son costume tiré à quatre épingles.

Dans le cas de J-F K, en dépit de quelques grains de sable, l'affaire fut rondement menée.

D'abord, on présente à la presse l'assassin désigné, Lee Harvey Oswald, qu'un dénommé Jack Ruby s'empresse d'exécuter. L'affaire fait un tel bruit que les autorités parviennent à cacher, par le biais d'une commission bidon, que Lee Harvey n'avait pas agi seul. Mais avant que la vérité ne parvienne au public, pour se protéger, on en dévoile une partie en criant au complot... Fut ainsi mise en forme la légende qui permet, en plus de dissimuler l'origine d'un forfait, d'en accuser la victime en protégeant le coupable.

Depuis, la stratégie fait merveille Voyez le WTC, à propos duquel on parvint à faire croire que deux avions détournés avaient été suffisants (touché-coulé !) pour démolir deux tours, une troisième s'écroulant sans raison... Prétexte pour les USA, comme par magie blessés dans leur orgueil et leur honneur, de se ruer sur l'Afghanistan, d'y semer la pagaille et de passer à l'Irak...

Au vu de ce type de mise en scène, largement répandu depuis lors, nous affirmons que l'idée de démocratie née le la prise de la Bastille (gouvernement du peuple par le peuple et pour le peuple), s'est peu à peu changée en sa version moderne et libérale : gouvernement des milliardaires, par les milliardaires et pour les milliardaires. Ceci expliquant cela, les gilets jaunes sont dans leur droit lorsqu'ils invitent Jupiter à regagner sa base, puis qu'ils réclament l'institution du RIC (référendum d'initiative citoyenne permettant de contrer les déviances) ainsi que du référendum révocatoire, lequel permettra de se passer des services de tout élu malfaisant, qu'il soit maire d'un village ou président de la République.

Ces deux manière de récurer les écuries de l'Empire, si nous les inscrivons dans la Constitution, accorderont au peuple le droit, quelles qu'en soient les raisons de révoquer les drogués du pouvoir et du fric donc de tarir les principales sources du mal, petit à petit d'en empêcher le retour.

Parions que notre Président, à ce sujet, ne sera pas plus d'accord que son Premier ministre. Plutôt que de rendre sa couronne, il en appellera au Medef, lequel aura deux solutions : ou bien répudier son poulain en raison de son incompétence, ou bien lui accorder une seconde chance… Dans ce cas, un nouveau choix : soit le Président dissout l'Assemblée nationale et jouant de la peur du loup, reconquiert le pouvoir, poursuit les contre-réformes, vend au profit de ses amis ce qui subsistera des bijoux de Marianne… Soit, sitôt ses anges gardiens satisfaits, il abandonne les métropoles aux hordes des casseurs en jaune que tenteront de mater des bataillons de CRS et de gendarmes mobiles. La pétaudière ainsi créée provoquera de tels dégâts que la loi martiale sera vite instaurée, le couvre-feu décrété. L'armée alors, en sa fidélité, se fera un plaisir de prendre en charge le couple Macron et de le protéger jusqu'à Varennes. Là, après un bras d'honneur, le gars Drouet, au volant d'un panier à salade, les ramènera à Paris.

Dans un premier temps, le bourgeois consterné se dira que ce tableau n'est que le réchauffé de l'arrestation de Capet. Mais ce qu'il n'aura pas compris, tiré qu'il aura été de sa couette par le bruit du canon, c'est que le peuple a besoin, après avoir subi la morgue de son oppresseur, de le déculotter en se tenant les côtes, de lui botter les fesses et de le voir, piteux, soustraire son postérieur aux éclats de rire des foules.

Fumées, fracas de boucliers et hurlements de forcenés enjoliveront ainsi les dernières heures d'un quinquennat hors norme. Tandis que s'abîmera l'Empire dans le fatras de ses secret Défense emportés par le vent, gilets et Gilettes alors, si l'on en croit les interviews de CRS moins abrutis que leurs collègues, verront les forces de l'ordre se joindre à leur mouvement.

Frères et sœurs, gilets de jaune et de

gris, n'allons surtout à ne pas souiller dans le sang une révolution que nous voulons joyeuse et fraternelle. Soignons nos mâchoires déboitées, nos yeux crevés et nos mains en lambeaux. Traînons devant nos tribunaux de salut public un gouvernement de gredins ayant chargé ses chiens de mordre, ses flics de lancer ses grenades comme s'agissant de semence. Et bien entendu de protéger le Prince des reflets de son déshonneur dans les regards du citoyen Ducrot et de la citoyenne Duchesne.

Pour en finir avec cette République n°5, citoyens et amis, examinons avec soin la démocratie que défend le Premier ministre (le RIC me hérisse, a-t-il avoué en toute franchise lors d'une palabre chargé d'échouer la barque hors de portée des photographes et de noyer le poisson)... Car cet Édouard Philippe que nul ne connaissait avant que son mentor ne le mît en laisse et n'accrocha la laisse à un piton de Matignon, est assuré de sauter si par malheur un référendum citoyen posait la question de savoir si son maître devait continuer ad vitam æternam de se mirer dans la galerie des glaces.

L'actuelle démocratie n'est qu'une mascarade. Pour s'en convaincre, Il n'est que de voir s'enfoncer notre Titanic dans les eaux sombres de la récession et de la rigueur, et du chômage, et du mal-être, et de la langue de béton, et de a langue de bois, et du sempiternel sourire du politicien de carrière invité sur la Une… — en bref de la désespérance.

Que peut-on espérer d'élections bafouant ouvertement la souveraineté du peuple ?

N'en déplaise au barbu, ce qu'il faut à la France est une constitution rédigée par les citoyens et protégée par eux. Qui plus est, ce sont des lois qu'ils approuverons après que leurs représentants tirés au sort (cela va de soi) les auront placardées sur les murs de Facebook.

Aucun défaut à cela, si ce n'est pour les nantis, les flibustiers et les supermen des affaires, une transparence les contraignant à jouer carte sur table.

Démocratie

Pour rétablir la démocratie et rendre au peuple le pouvoir de décision dont l'a privé Picsou, il faut à l'évidence éliminer les forces qui voient dans la démocratie, en plus d'un frein dans la course au podium, une insupportable remise en question de la liberté d'exploiter.

Bien qu'elles soient de plusieurs sortes, ces forces ont toutes un point commun : le couple argent/pouvoir, apparu lorsque l'Homme-enfant, passant outre à ses pulsions solaires, se sédentarisa autour de ses troupeaux et de ses points d'eau, de ses champs et de ses cités. Pour protéger les labours et pâtures considérés comme lui appartenant, la tribu rassemblée se dota de combattants et leur attribua un chef. Lequel adjudant devint le régisseur de la cité, de son territoire, de sa population et de chacun de ses membres.

Que la tribu se soit déclarée propriétaire de ses abris, de ses terrains cultivés et de ses greniers, soit ! Mais que chacun voulût faire de même de son lopin terre et de la vache qui y paissait devint problématique. Ce fut donc au chef (autoproclamé ou nommé), que revint la charge de gérer l'ensemble des cultures, des bêtes et des produits. Si bien que ce chef qui avait au début, comme ses "administrés", les deux pieds dans la glaise et l'outil à la main, chaussa bientôt des bottes, s'octroya une épée, profita de la protection de gens d'armes et devint un seigneur.

On peut considérer aujourd'hui, à la lumière de nos connaissances, qu'une gestion différente eut été possible, peut-être même meilleure. Ce qu'elle fut en effet, avant la révolution de 1917, dans la Russie impériale.

Les paysans géraient leurs terres en propriété collective via une sorte de coopérative nommée le "Mir". Les surfaces cultivables se divisaient en parcelles dont chaque famille, en fonction de son importance, était en droit de réclamer un ou plusieurs lopins, ou devait au contraire en rétrocéder, la répartition étant assurée par un conseil composé des chefs de familles. Le *mir*, qui gérait aussi les impôts de manière collective, contenait également des serfs travaillant et vivant avec les paysans.

Nous comprenons dès lors que les bolcheviks, en créant les kolkhozes, n'ont fait que prolonger une tradition collectiviste, et que le *mir* constituait une première approche de la démocratie directe que certains d'entre nous réclament avec vigueur. Car le *mir* fonctionnait d'autant mieux que chaque individu, lorsqu'il quittait le village pour aller chercher femme, laissait au Conseil sa maison et sa terre, et qu'il les retrouvait à son retour en compagnie de sa fiancée. La propriété collective garantissait ainsi à chacun, sa vie durant, la jouissance d'un abri et d'un lopin de terre.

Aux yeux de Soljenitsyne, partisan d'un gouvernement musclé pour la Russie d'après l'URSS, le *mir* ancien devait constituer le fondement de la gouvernance russe. Commençant par la base (le village) la démocratie devait peu à peu gagner les échelons supérieurs, le pouvoir central se réservant la Défense, les Affaires étrangères, la planification économique et la création monétaire…

Or, que remarque-t-on chez nous ? L'État centralisé, héritier d'une Inquisition fourrant son nez en tous coins et recoins, laisse de côté l'intérêt général pour ne s'inquiéter que d'impôts, de taxes, de lois, de maintien de ses membres dans la dépendance ou les privilèges. Cela en confiant à des banques privées le soin de créer sa monnaie par ces jeux d'écriture que sont la dette et le crédit, meilleur moyen pour une nation d'abandonner au

Marché le pouvoir dérobé à ses citoyens — nous devrions dire ses sujets.

Ne pourrait-on s'inspirer de l'organisation tsariste pour établir en France une démocratie digne de ce nom ? La Commune en serait la base, s'occuperait des affaires du village tandis que le Département gèrerait les communes, la Région les départements. Les directives chemineraient verticalement de haut en bas et de bas en haut, horizontalement de gauche à droite et de droite à gauche, si bien que personne, aucun détail ne seraient ignorés…

Mais voici que le Prince abat une nouvelle carte…

La macronie vient en effet d'avoir l'idée géniale d'opposer à nos gilets jaunes des foulards de couleur (et s'il vous plaît de couleur rouge, afin que le téléspectateur s'y retrouve). Ceci sans doute pour imiter le général de Gaulle lorsqu'il rassembla, en réponse à des événements dont le sens lui échappait, un million de ses partisans sur les Champs-Élysées.

Charles de Gaulle avait toutefois une autre stature que notre Macron. Ce que nous prépare ce Président n'est en aucun cas une solidarité de façade mais, dans sa hâte à mettre en pratique les élucubrations de Merkel, de préparer la fracture du peuple français avant qu'on ne dépèce la nation.

Déjà, il s'était arrangé pour mettre au rebut de droit du travail, provoquant de la sorte une montée d'adrénaline dans les lieux de labeur. Ne lui restait qu'à augmenter les taxes sur le carburant imposé au smicard… et paf ! montée au front de cent mille gilets jaunes. Puis l'Élysée d'aligner la semaine suivante des milliers de CRS programmés pour l'émeute, de laisse passer des casseurs… et chpong ! tirs de fash-balls, lancers de grenades, gueules en lambeaux fémurs en miettes et yeux en berne.

La rébellion s'intensifiant malgré tout voilà qu'il promet, avec l'appui de ses communicants, un Grand Débat national chargé de ramener le calme, d'apaiser les esprits, de dégager les routes, de permettre aux routiers de livrer.

En vain.

Tout en déplorant les *fake news* répandues sur le net, on fait alors croire la semaine suivante que dix mille gilets jaunes ont préféré rester au chaud, que le mouvement s'essouffle… et que le chef de l'État, d'après un sondage BVA, a regagné deux points dans le cœur de Marianne. Ne reste qu'à peaufiner l'intervention des foulards, signer l'accord permettant à la France et l'Allemagne de mêler leurs armées en cas d'invasion russe, de leur adjoindre la force de dissuasion gaullienne, enfin de se prêter des snipers en cas de regain du terrorisme — regain qui du coup ne saurait tarder (retorse est La France en Marche).

En attendant, Emmanuel et Brigitte de s'envoler vers l'Égypte, d'aller serrer la main du Maréchal Abdel Fatah-al-Sissi, de l'entretenir des droits de l'homme, de lui refiler quelques grenades en lui suggérant que les combattants d'Al-Qaïda, des Martyrs d'Al-Aqsa ou peut-être de Gamaa al-Islamiya, en échange de quelques hélicoptères, pourraient sans doute…

Tout cela, frères et sœurs, pour que vous compreniez que notre président n'agit pas en aveugle. Ses comparses l'ont chargé de mettre la pagaille de façon que la France s'agenouille, que la Finance la déshabille, que le Nouvel Ordre Mondial la mette à son menu.

Grande palabre

Avant de passer les barrages de police et de pénétrer dans la salle des débats, de s'installer entre un préfet et un commissaire de police, prêtons à notre conscience une oreille attentive…

« Citoyens, nous dit-elle, vous retardez de deux siècles. S'il semblait logique autrefois de s'incliner devant le maître, la chose est dépassée. De plus, dans le contexte de liberté, d'égalité et de fraternité qui est le nôtre, le terme de doléances, qui traduit à la fois la souffrance, l'humilité, et la prière adressée au puissant, est contre-productive. Or, bien que nous ayons des fins de mois difficiles, nous ne sommes ni pitoyables ni petits. Depuis que la police abat sur nous ses matraques, nous dirons même que nous sommes de plus en plus remontés. À nos cahiers de doléances vont donc se substituer des cahiers d'exigences : exigence de démocratie, exigence d'égalité et de partage des bénéfices ».

Conséquence : au lieu de nous convoquer sur leur moquette flambant neuve,

Macron et ses cireurs de pompes se feront un plaisir de nous retrouver sous nos parapluies. Et si tant est que nous ayons, en notre absence de culture, commis la moindre maladresse, nous nous rattraperons le jour où le peuple français, rejoint par le peuple italien et par les nombreux peuples soumis à l'ineptie, peut-être même le peuple américain... — où le peuple français, donc, recevra en mains propres la reddition de cette engeance, de ces malfrats qui se permirent du haut du XIXème siècle, et quelles que fussent les raisons, de tirer sur la foule. À peu de chose près comme le pratiquent aujourd'hui les héritiers de négriers n'ayant pas craint de faire descendre dans la mine des enfants de huit ans. Et continuant de croire, en tout respect des lois de la République, qu'ils sont en droit de culbuter leurs secrétaires.

Démocrate, Jupiter ? Il en est l'envers absolu, comme l'ont toujours été ceux qui ont fait de lui leur homme de main. À savoir les Illuminati, les sionistes, les sorciers, les voyous, les conjurés de Bilderberg, tous maîtres d'un Empire en formation, tous partisans d'un ordre mondial n'ayant que faire de la démocratie, ni de son suffrage universel, ni de ses lois entravant les affaires, limitant les profits, versant des allocations à qui ne veut rien faire. Il est temps selon eux de balancer ces vieilleries, de remplacer les chiffonniers par des experts en prospective, des financiers prospères, de vigoureux créateurs de richesse.

Non content d'exploiter à son profit un cheptel de sept milliards de bonshommes, l'Empire entend, en vue de contrôler tout ce qui bouge, profiter des vaccinations à la chaîne pour introduire dans le corps des bambins, outre des virus activables par internet, des puces électroniques qui permettront de suivre leur porteur sitôt l'intelligence artificielle installée aux commandes.

En bref, si nous obéissons aux ordres d'une oligarchie n'ayant que faire de nous nous voyons ce qui nous attend d'ici la fin du siècle. En plus d'un dérèglement climatique contre lequel, en ce qui nous concerne, aucune protection n'est à l'ordre du jour, nous devons nous préparer à des épidémies s'achevant dans le sang. C'est pourquoi, foulards rouges qui poussez les hauts cris à l'enfoncement de la porte d'un ministère, conservez vos foulards si cela vous fait plaisir mais, s'il vous plaît, par pitié, rejoignez nos bivouacs.

Rejoignez nos rangs, rejoignez ceux qui ont entrepris, de Bure à Notre-Dame-Des-Landes, de grouper la contestation. Cessez donc de faire la fine bouche, recrachez les salades dont cherchent à vous étouffer les dépravés du journalisme.

Le saviez-vous ? La moindre information rendue publique provient de ceux à qui tout appartient depuis toujours, de l'esprit maléfique dont l'objectif est de gommer toute pensée… — en quelque sorte de Satan.

Dans son *Horreur Économique*, ouvrage paru bien avant qu'on ne s'inquiétât des algorithmes et autres diableries, Viviane Forester écrivait déjà :

L'ensemble des êtres humains est de moins en moins nécessaire au petit nombre qui façonne l'économie et détient le pouvoir. Nous découvrons qu'au-delà de l'exploitation de homme il y a pire et que, devant le fait de n'être plus même exploitable, la foule des humains tenus pour superflus peut trembler, et chaque homme dans cette foule.

Ceci écrit, lu et relu mille fois, revenons à la grande palabre que nous propose, pour mieux nous enfumer, notre premier de cordée.

Ce qui filtre de ces rencontres, préparées à la hâte par un homme aux abois, un Président dissimulant sous sa bonne mine la trouille qui l'a saisi, se résume à ceci : pour lui, qui a juré sur la tête de la République de ne rien lâcher, une évidente satisfaction. Pour les bobos de sa suite, trop contents d'avoir échappé de justesse d'une part aux attentats du Bataclan, d'autre part à leur mise en joue par les chars de Poutine, un ouf de soulagement… Et pour vous, mes amis, une frustration qui ne nous a pas quittés depuis la réapparition de la langue de bois, de la gendarmerie d'assaut et de ses chars. Car il nous faut nous rendre à l'évidence : à part quelques miettes égarées sur le bureau de quelque sous-ministre ou sous-secrétaire, l'État n'a rien lâché. Ni augmentation de salaire, ni référendum citoyen. À peine une prime de quelques d'euros pour les moins malchanceux, et encore, en allant ouvertement la puiser dans leurs poches…

Que voulez-vous, les créateurs du demi-dieu n'avaient pu prévoir l'arrivée du jaune lorsqu'ils aidèrent leur poulain à endosser la toge qui ferait de lui, avec en toile de fond la pyramide du Louvre, le pharaon d'une République dont ils devenaient les maîtres.

Cependant, son olympien rictus ne parvient à nier ce que voudrait cacher le Prince.

Certes, l'Empire n'aura que vacillé mais Sa Majesté, si elle a échappé au pire, vient de réaliser que ceux qu'Elle méprisait sont au moins aussi finauds qu'Elle.

Résultat : son rôle dans la tragédie mondiale ne tient plus qu'à un fil.

À y regarder de près, notre Emmanuel Macron possède néanmoins de quoi se consoler. La proximité des élections européennes va lui offrir l'occasion de se réattribuer la une des magazines tout en éparpillant les arguments de l'ennemi. Cela en permettant que se présente une marionnette issue de nos rangs, d'autre part en favorisant l'émergence de formations politiques orientées Gilets jaunes, susceptibles donc de couper l'herbe sous le pied de la France insoumise sans pour autant nuire au Front national. Marine Le Pen est en effet la roue de secours qu'utilisera l'Empire pour hisser sur le trône son futur occupant. À moins que ce ne soit une "occupante", comme le laissait entendre un conseiller de l'ombre.

S'il porte le costume à peine trop grand que l'ont aidé à endosser les éminences du quinquennat précédent, le Président Macron ne semble pas s'offusquer de la chute impressionnante de son indice de popularité, le pire qu'on ait connu en aussi peu de temps. De la République dont il a la charge il n'a pas plus à faire, avoue-t-il en secret, que de la France et des Français. Ce qui lui importe, à ce jeune homme épris de Machiavel, est de mener à bien, avant de rendre son tablier et de retourner à ses affaires, la mission que lui ont suggérée les penseurs de sa cour, que lui ont ensuite précisée une chancelière allemande aussi plaisante que Bismarck et un président de la Commission européenne, spécialiste quant à lui de l'optimisation fiscale, c'est-à-dire des détournements fiscaux des entreprises les plus prospères.

Lui mettre la pâtée ou lui couper le cou, le remplacer par un clown, une marionnette ou un pantin ne changera rien à la situation que nous impose une Europe aux écoutilles bouchées.

En revanche, l'alliance Haddock-Tartuffe permettrait d'espérer un changement. Dans cette optique, nous pourrions même envisager un rapprochement du Parti de la Révolte et de celui des Beaux Jours, y inviter le PTU, Debout là-dedans et autres formations non encore vermoulues. Hélas, si Haddock et Tintin feraient éventuellement alliance, il n'en va pas de même du couple Haddock - Dupont-la-Joie, ni de celui Dupont-la-Joie - Tintin. Quant à l'important Alcazar, dont la prestance est celle d'un chef d'État, il prend le Capitaine pour un clown. Et quant au Capitaine, pourtant spécialiste en relations humaines, mais refusant de débattre avec un aigrefin, il s'en détourne avec le sentiment d'horreur de l'anguille pour le crabe.

Pendant ce temps, l'incendie s'amplifie.

Seule à l'affût, nous semble-t-il, une collégienne suédoise de seize ans, assise en tailleur devant le parlement de son pays, offre aux passants la justification de son séchage des cours.

Ces simples mots, sur un carton affiché derrière elle :

En grève pour le climat.

Les grandes personnes se déclarant trop occupées, c'est aux enfants et à leurs papys et mamies, aidés du peuple des ronds-points, de s'inquiéter d'avenir.

L'enfant cosmos

Cinq années ont passé, le garçon a grandi, il a maintenant neuf ans. Il n'empêche que l'été le poursuit, interrompu çà et là de souvenirs de neige, de volées de feuilles mortes dont il presse les plus hautes en couleur entre les pages de son livre d'école.

Louveteau pour quelques mois encore, il se trouve présentement en Auvergne, et le jeu de piste entrepris dans la matinée les a menés, sa patrouille et lui, dans les ruines d'un château situé on ne sait où. N'en restent que des murs avec, dans les hautes herbes d'un vestige de cour, des blocs de pierre entre lesquels ils s'allongent pour la nuit. Alors que le feu se meurt, chacun s'endort dans la chaleur de son duvet. La nuque sur l'oreiller de son sac à dos, il garde quant à lui les yeux ouverts sur les étoiles déployées dans la nuit.

Il sait qu'il ne dormira pas mais il n'en a que faire. Ce qu'il se passe en lui est trop puissant pour qu'il rejoigne ses compagnons dans l'éloignement où ils reposent.

Seul face à l'immensité, figé devant l'infini qui l'envoûte, devant l'éternité vers laquelle se dirige l'existence, il écoute ce que disent les étoiles. Et les étoiles s'emparent de lui, et les étoiles immobiles, les étoiles palpitant de vie silencieusement lui parlent. Lui disent qu'elles patientent là depuis l'éternité, attendent les milliards d'hommes appelés à les rejoindre. S'y répandra l'espèce dont il fait partie, lui, le petit garçon. Le destin de l'humanité est de quitter la Terre de son enfance pour s'en venir vers elles, y rencontrer d'autres espèces et se mêler à elles, s'unir à elles, se refléter en elles. De cette arborescence naîtront de nouvelles espèces, qui à leur tour essaimeront jusqu'à la fin des temps. Mais le temps est sans fin, l'espace est sans limite, pareillement l'Esprit.

C'était comme une musique, ça se gravait en lui, le pénétrait de tels accords qu'il en tremblait. Deux larmes perlaient à ses paupières, ruisselaient sur ses tempes.

Il était seul face à l'avenir, mais il n'avait pas peur. La Voie lactée le consolait de ses chagrins, le liait à l'infini.

Étroit passage

Les hommes et femmes d'entre dix-huit et soixante ans, trop occupés par le combat mené chaque jour pour atteindre la fin du mois, ne s'intéressent que de loin, dans un état de semi sommeil, à des problèmes qui les dépassent. D'autant que les médias généralistes, (nous revenons inlassablement à eux) ne livrent que des informations à ce point répétées qu'elles en deviennent soporifiques ; et d'autant que chacun, pour peu qu'une opinion l'emporte, ou bien s'y accroche comme la bernique à son rocher, ou bien ferme sa porte et s'enterre. Si bien que c'est à l'âge de la retraite, privé qu'il est de relations de groupe, qu'il se rapproche de ses semblables. Ainsi, mus par le besoin du partager, les grands-parents prennent-ils la main des tout petits, leur ouvrent-ils leur cœur et leur jardin secret. Ils peuvent alors mesurer, à travers les questions de la génération montante, que les futurs adultes auront plus tard les mêmes attentes que celles qu'ils mûrissaient lorsqu'ils étaient enfants. Et quand bien même les années les auraient-elles voûtés, ils éprouveront à leur contact un regain d'optimisme.

Entre l'enthousiasme de l'enfant et la pondération de la personne âgée coule le fleuve humain, s'épanouit le besoin d'échange, de partage et d'élargissement. On peut ainsi affirmer que c'est à l'enfant (il a la vie devant lui) et à ses grands-parents (ils réexaminent le monde du double point de vue de leur descendance et d'eux-mêmes) de revendiquer avec nous autre chose qu'une société de carnassiers. Au lieu de quoi, si nous restons fermés à la confiance et à l'amour, nous ne laisserons à nos héritiers que des campagnes désertes, des paysages dévastés, des villes animées du seul combat de la folie et de la mort, le bonheur quant à lui réservé aux machines.

Entre le vieil homme et l'enfant, dans la foule bariolée des adultes, se trouvent des citoyens de droite, des électeurs de gauche des salariés de gauche et de droite, dont nombre ont revêtu les gilets de la colère. Colère peu à peu transformée en exigence d'une vie plus féconde, d'un équilibre retrouvé dans le partage que réclame désormais l'outil informatique… Hélas, l'égalité conquise à la Bastille fut niée par la caste bourgeoise, et le remboursement de la dette passe aujourd'hui avant le plaisir de vivre. Quant au partage, il ne fut jamais au programme d'une société menée par le chacun-pour-soi caché sous le savoir. Si bien que les frustrations additionnées se liquéfient devant la mauvaise foi, finissent par entériner l'arrêt de notre évolution.

La lune tourne autour de la terre, la terre tourne autour du soleil, tout bouge dans l'univers, tout est lié. Comment, dans ces conditions, ne pas ressentir les liens entre l'individu et la société, entre la société et l'espèce, entre l'espèce et son passé, son présent, son futur et l'espace qui lui est offert, et l'Esprit qui la guide. Délivrons-nous de notre société déliquescente et distinguons, au-delà de la prison où nous attend la mort, le seuil qu'il nous faudra franchir pour remonter au jour, retrouver le parfum de la liberté, le désir de bâtir et le goût du rire.

C'est donc à vous, hommes et femmes que l'injustice a fait sortir de l'ombre, à vous, force providentielle d'une France refusant de mourir, que revient la tâche de remettre notre pays sur ses jambes et de le transformer, de faire en sorte que le monde le rejoigne. En contre-exemple, voyez comme les Etats-Unis, animés un *America great again* ne débouchant que sur l'étouffement des faibles, s'acheminent vers leur chute. Tant que cette nation n'aura pas changé son fusil d'épaule, tant que les aventuriers qui la dirigent n'auront pas compris que c'est le monde entier et non eux seuls, qui doit devenir "great again", ils suivront naturellement la pente les menant à leur chute. Le "great" (le grand, le puissant) est appelé à s'effacer devant une vision plus fraternelle des relations individuelles et collectives.

Surveillons cependant l'Amérique, guettons le moment où son peuple désabusé, las du mépris dans lequel le tiennent ses crocodiles, ses vautours et faucons, se remettra debout. Nous (re-)fraterniserons avec lui pour la troisième fois, nous nous occuperons de concert des écuries impérialistes.

Un nouvel ordre mondial, populaire et démocratique celui-là, envers de ce que cherche à imposer l'Empire, nous permettra alors de franchir le passage.

De notre prime enfance vécue dans les arbres et les abris de feuilles, nourris que nous étions des sucres de notre planète-mère, et occupés de chasse, de pêche et de cueillette, nous nous sommes peu à peu, sans nous en rendre compte, élevés du vagissement aux gazouillis de l'enfance. Ainsi mieux assurés, nous avons conquis le feu et réuni nos bêtes. De la famille nous sommes passés à la tribu, de la cabane de bois à la maison de brique, de la vie de sauvage à la société urbaine.

Par la suite, de sentiers en chemins, de chemins en boulevards s'enclencha une adolescence qui vit se développer le matérialisme tandis qu'à la loi de Dieu se substituait la loi des hommes... Tout serait allé pour le mieux si les inégalités ne s'étaient creusées, si la raison, en effaçant le divin, ne nous avait interdit la sortie de nos geôles.

Nous faut-il réformer, jeter bas et reconstruire, ou encore passer outre ? Nous hésitons sur la réponse...

Nous voici parvenus à la fin du cycle de l'adolescence, qui aspirons à remplacer le poids insupportable d'une autorité dont nous ne savons d'où elle vient par un pouvoir que nous souhaitons partager. Une telle mutation devrait s'effectuer en douceur, mais son caractère subversif, pour les raisons que nous allons énumérer veut qu'il en soit autrement...

- Raison morale : le désintérêt de nos concitoyens vis-à-vis de la chose publique.

- Raison politique : l'opposition d'une élite se refusant à la réduction, voire à la perte de ses privilèges.

- Raison cosmogonique : la modification du climat.

- Raison psychique : nos multiples hésitations personnelles reflètent à l'échelle mondiale ce que vit chacun de nous dans son espace intime.

Comme certains le savent, les trois premières raisons ont une cause unique : le capitalisme. Or, le capitalisme, qui tend à s'emparer de tout ce qui se trouve à sa portée, appartient comme l'enfance à une période aujourd'hui dépassée. Par son refus de partager, c'est lui qui a bloqué la société. Lui pareillement, par ses déjections boueuses, ses gaz et ses fumées d'usines, qui a modifié l'atmosphère, accéléré le réchauffement climatique, remis en question l'accord immémorial entre l'eau, le feu et la vie.

Certains diront qu'il suffirait de filtrer les rejets, de trier les ordures, mais ce n'est là que poudre aux yeux. Ce sont d'ailleurs les mêmes qui préconisaient hier de réformer le capitalisme, d'en modifier trois lois d'en réviser deux normes, d'introduire une dose de proportionnelle dans le décompte des suffrages, de mettre la charrue devant les bœufs, et bla et bla et bla-bla-bla… Laissons ces costumés maintenir la barque en direction de sa chute, la diriger vers sa disparition. Et comme ils ne veulent ni entendre, ni comprendre, ni rien connaître en dehors de la bourse et les profits qu'ils en retirent, nous devrons nous résigner à les jeter par dessus bord et sans plus attendre, tendre les mains vers notre dernière chance.

Si nous voulons forcer le passage entre l'hiver que nous vivons et les beaux jours qui nous attendent, abattons le capitalisme. L'Empire ne lui survivra pas.

Pour une vision d'ensemble, jetons un coup d'œil au croquis ci-après…

*

Tirée de l'ombre et pointée vers demain,
le cours de la vie, l'horizontale du progrès
le développement humain.

En perpendiculaire la verticale du présent,
renforcée de la muraille que l'Empire
nous oppose. Ajoutons-y la puissance de
l'argent, les milliards de données exploi-
tables, le savoir conservé pour soi seul, la
nocivité des médias et de leur épandage
de nouvelles trafiquées, plus les menées
des politiciens, plus le déploiement de
leurs armée et de leurs polices, et nous
aurons une idée précise de ce qu'il nous
faut affronter — en vérité du vent.

À l'intersection des deux droites un
étroit passage, une fissure, le boyau qu'il
nous faudra franchir avant de retrousser
nos manches et de nous occuper du climat

de la pollution, de la surpopulation, des inégalités, des migrations forcées, en bref du fatras que l'Empire aura laissé derrière lui. Ouvrage considérable, mais nous avons en notre possession des armes qu'il ignore : la foi en soi, la volonté de croître, la conscience du Bien et du Mal.

*

Laissons monter de notre espérance la puissance créatrice, ayons confiance en nous . Ce que nous avons fait jusqu'à présent est la plus formidable action qu'ait entreprise l'humanité.

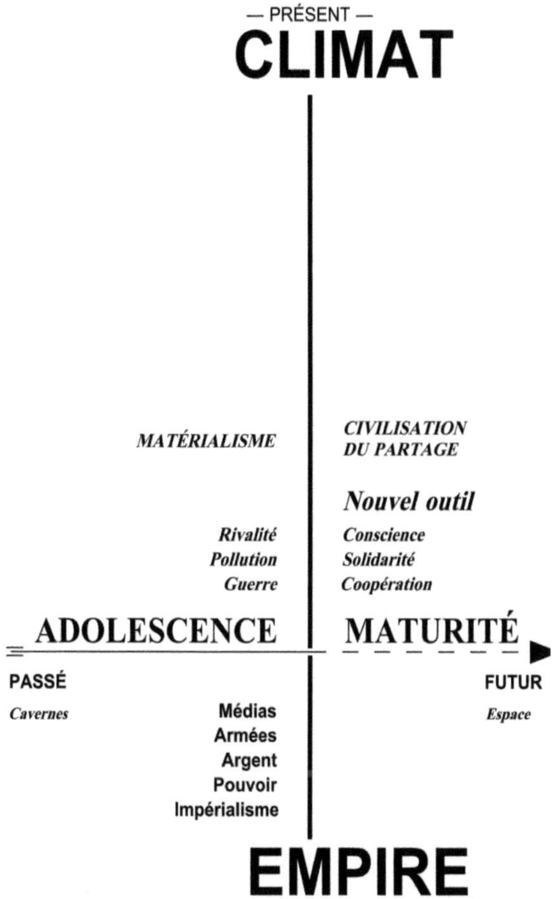

— PRÉSENT —
CLIMAT

MATÉRIALISME

CIVILISATION
DU PARTAGE

Nouvel outil

Rivalité
Pollution
Guerre

Conscience
Solidarité
Coopération

ADOLESCENCE

MATURITÉ

PASSÉ

FUTUR

Cavernes

Médias
Armées
Argent
Pouvoir
Impérialisme

Espace

EMPIRE

Dernière minute : Venezuela

En raison de l'allergie des USA à l'égard des pays entendant mener des politiques d'indépendance, le Venezuela de Nicolás Maduro est actuellement dans la ligne de mire de l'Empire, particulièrement des États-Unis et de l'Europe.

Sous Hugo Cavez, déjà, ces carnassiers faisaient tout ce qui était en leur pouvoir pour freiner le développent du pays. Maintenant que Maduro a succédé au président défunt, sa continuation de la politique sociale rend les faucons yankees malades. Raison pour laquelle, au nom de la démocratie et des droits du peuple vénézuélien, Donald Trump a reconnu le président intérimaire autoproclamé Juan Guaidó comme chef d'État légitime. Or, ce Guaidó, création de la CIA, n'attend que l'occasion de libérer les grandes fortunes vénézuéliennes du contrôle des chavistes, et de rendre à la grande bourgeoise la monnaie de son soutien. Quant au peuple, on s'est arrangé pour qu'il crève de faim. Et quant aux réserves d'or du gouvernement, elles sont bloquées par la City de Londres.

Ceci pour que vous compreniez, gilets jaunes que la politique de Macron vis-à-vis du Venezuela est exactement celle qu'il pratique à notre égard. Seule compte la fortune. Du menu peuple des ronds-points, comme de celui de Caracas, il n'a rien à cirer.

Venezuela, gilets jaunes, mêmes trahisons, même combat.

NEOM

On trouve sur Internet ce dont nulle publication grand public n'oserait nous entretenir. Ainsi avons-nous appris la réalisation prochaine, sur le mont Sinaï, d'une mégalopole high-tech, NEOM, projetée par Mohammed ben Salman, et prévue pour cinquante millions d'habitants, dont la moitié de robots. Et rien n'étant trop pour le Prince, elle sera gouvernée (nouvelle du plus haut intérêt pour qui entendit parler d'Alpha Go et de la suprématie de l'ordinateur sur le cerveau humain) par une intelligence artificielle.

Partant de là, nous avons abouti à une conférence donnée sur un site musulman par un certain Seyyed Yahia Gouasmi, que nous ne connaissions pas plus que le cercle Zahra, qu'il semblait présider.

Yahia, d'entrée, y est allé au mortier : *Ces personnes que l'on appelle les Wahhabites,* annonça-t-il, *construisent une cité de débauche sur la terre des prophètes !* Et de préciser : *Elle se situe à l'endroit où le Veau d'Or fut adoré pendant l'absence du messager Moïse.*

Pour qui se revendique agnostique mais que passionne e sujet, la chose revêt le plus grand intérêt. D'autant qu'au wahhabite Mohamed Ben Salman, prince héritier du royaume d'Arabie saoudite, se joignent ces deux gredins de Trump et de Netanyahou !

Ainsi, malgré que Ben Salman bombarde impunément le Yémen en attendant se s'en prendre à l'Iran, le soutien de la *première démocratie du monde* à l'Arabie Saoudite d'une part, d'autre part à l'État raciste d'Israël (lui même guettant l'occasion de ramener l'Iran au Moyen Âge)… et quand on sait que la Syrie du "boucher" Bachar el Assad se trouve dans la ligne de mire de ces trois Pieds-Nickelés, on ne peut que se réjouir de l'intervention russe en faveur d'un pays que l'Empire avait décidé de raser… Et quand on réalise que les Etats-Unis, dont le leadership décline, ne cessent de provoquer les Russes et les Chinois (ne chargeons pas la barque outre mesure, laissons l'Ukraine et le Brésil de côté, de même oublions le Venezuela) on ne peut, en plus de s'effarer du silence des médias, que suivre Yahia Gouasmi. Lequel conclue sa conférence par une invitation au partage, en plus de l'or de l'esprit, de ce sentiment que l'argent s'est efforcé de gommer : l'amour.

L'islam qu'on nous décrit comme une

religion d'illuminés, l'islam nous désignant nos plus redoutables fauteurs de guerre pour en appeler à la concorde, à la paix, au partage ! Voici qui confirme ce que nous avons soupçonné le jour où Colin Pauwels, à l'époque secrétaire d'État de W. Bush, affirma devant l'assemblée des Nations-Unies que la fiole de purin qu'il tenait à la main était un échantillon des armes de destruction massive de Saddam Hussein. La preuve était là, le monde applaudissait, la guerre fut engagée. Saddam Hussein n'est plus, l'Irak offre aujourd'hui le visage d'un pays dévasté, d'une pépinière de djihadistes destinés à servir l'Occident dans ses prochaines dévastations.

Nous vivons sous le règne du mensonge. Les belles démocraties dont l'Empire est le maître préparent un formidable coup d'État. Elles vont nous imposer une gouvernance plus inflexible, mais ô combien plus présentable, plus juste et plus chic que celles que nous avons connues, et dont NEOM est la maquette. Nos problèmes vont se résoudre, nous serons servis par des robots, nourris par des robots, conduits au septième ciel par les partenaires sexuels sans défaut. Finies les sorcières, finis les bûcher, finies les inquisitions, finie la lutte des classes. George Orwell va se frotter les mains, à moins qu'il ne se retourne dans sa tombe. Les citoyens de la cité future, séduits par un Big Brother flambant neuf tombé des cuisses de Jupiter et de son homologue américain, formeront alors une fratrie d'immortels.

Nous apparaît ainsi le pire danger de tous : la création ex-nihilo, de par l'action humaine, de l'être supérieur qui aura rejeté d'un coup, en puisant la matière première dans les décharges du septième continent (celui des polypropylènes, des polycarbonates et des polyesters)… aura rejeté d'un coup l'être humain mal fichu et son soi-disant Créateur.

Qui nous dit que cette intelligence artificielle, réalisation de Google, d'Appel, de Microsoft, d'Amazon et de leur venin, et de leurs milliards de dollars, n'aura pas reçu, en lieu et place de la caresse du vent, le désespoir du condamné à mort…

Paradigme

Résumons nous.

Après avoir vénéré nos rois durant les millénaires de notre adolescence, nous avons tué notre papa Louis XVI. N'ayant désormais de comptes à rendre qu'à nous-mêmes (du moins le pensions-nous), nous avons pris le pouvoir et avons édifié, fondée sur la raison, la société matérialiste qui nous permit, en plus de visiter le cœur de la matière, d'échapper aux microbes et virus. Détachés de nos croyances religieuses, nous avons alors, sans vergogne, abandonné les cathédrales qui tant bien que mal, nous trahissant parfois, avaient guidé nos pas sur les chemins de la dignité. Hélas, nous étions si mal préparés à la modernité que notre tentative de remplacer la foi par les lumières de la logique nous ont en fin de compte menés, dépités et honteux, aux semblables culs-de-sac que furent Auschwitz et d'Hiroshima. Là, plus moyen de tricher : Si ces deux catastrophes ne marquaient qu'un pallier, qu'un bref arrêt sur l'échelle dont nous franchissons un à un les degrés depuis la domestication du feu et la transformation de la vapeur en énergie, elles nous clouaient en même temps, face à notre miroir, devant l'image d'un fou dirigeant sur sa tempe le canon du suicide. Nous pouvions désormais, d'une pression du doigt sur un levier ou un bouton, mettre fin à nos jours.

Mais nous pouvions en même temps, au moyen des fusées héritées de la recherche militaire, nous mettre en orbite autour de la Terre, effectuer nos premières sorties en apesanteur, admirer depuis la Lune la seule planète que nous ayons.

Nous venions pour la première fois de nous éloigner de Gaïa, nous mesurions combien notre planète nous était précieuse, nous étions sur le point de passer à l'âge adultes.

Achevons le capitalisme, prenons de la hauteur et regardons le monde, et voyons-nous en lui. Et jurons-nous de ne plus accepter, en quelque domaine que ce soit, les moindres inégalités.

Insurrection

Le premier embryon de l'Internet fut mis au point par l'armée des États-Unis pour envoyer simultanément, tant à des documentalistes paperassiers qu'à des troupes au combat, aussi bien de l'image que de l'écrit et du son. Mais ce qu'on ignore souvent, c'est que l'US Army laissa s'en saisir les hippies. Leurs communautés en effet, dispersées à travers la Californie mais étroitement liées par leur refus de la guerre du Vietnam, virent aussitôt les avantages qu'elles pourraient en tirer. Ainsi naquit la "toile", le world Wide Web qui permit à Dylan et Joan Baez, outre de partager des accords de guitare, de lutter pour la paix et l'amour.

Ce nouvel outil de communication appelait ainsi au pacifisme, le *Make love not war* glissait la contestation dans les messages que s'adressaient les GI de rizière en brûlis, contribuant de la sorte à faire naître, à l'opposé du matérialisme, un nouvel art de vivre, prémisse d'une révolution sur le point d'advenir. Encore fallait-il que chacun prenne patience, qu'il veille à ce que le mercantilisme yankee ne transforme le *make love* en cet ignoble *make money* dont la télévision nous rebat les oreilles.

Hélas, comme il fallait s'y attendre, les marchands du temple eurent tôt fait de transformer le pacifisme "new age" en des clichés autrement rentables. Quoi qu'il en soit, même devenu la principale vitrine de l'animalité, de la brutalité et de la dépravation, Internet, par bonheur, donne accès à des informations différentes de celles dont nous accable l'Empire.

Nous avons donc la chance, en choisissant sur la Toile des sites alimentés par des citoyens que dégoûte le bourrage de crâne, d'y dénicher de quoi échanger et réfléchir, partager, s'ouvrir et s'instruire, élever par là sa culture politique et son niveau de conscience. Et comme nous l'avons entrepris nous-même, gilets jaunes, de nous dresser contre l'injustice, de revendiquer des hausses de salaires et, de fil en aiguille, de remettre en question notre simulacre de démocratie.

Démocratie détournée au bénéfice de la finance, accaparée par le profit, le toujours plus pour le nanti, le toujours moins pour le déshérité… Et nous voici parvenus, maintenant que se distingue le mal, au moment où l'on se met à réfléchir sur la société qu'on aimerait, où l'on imagine qu'un referendum permettrait de destituer tout élu oublieux de ses promesses… Puis où l'on entrevoit la possibilité de réduire les inégalités sociales, puis où l'on songe que s'immiscer dans le gouvernement des entreprises apporterait peut-être une solution aux problèmes du chômage et du respect de l'environnement… Et nous voici envisageant une remise à plat de nos institutions… puis réalisant que se dresse devant nous la muraille du pouvoir… que ses défenseurs ne nous laisseront pas faire… Et les sondages de s'inverser en faveur du pouvoir, et notre mouvement de fléchir…

Eh bien non, pas de renoncement, accrochons-nous à nos idées ! Et pour clouer le bec de ceux qui laissent entendre que nous ne rêvons qu'incendies et pillage, réfléchissons à la Constitution future.

Que nous importe que Jupiter s'aperçoive soudain que nous existons, qu'il lance à l'échelle nationale, au son des trompettes médiatiques, un débat d'autant plus important qu'il n'en tiendra pas compte !… Et les notables en costume, les élus en écharpes, les vidéastes héliportés qui se préparent déjà, en compagnie des serviteurs du Prince, à engloutir les petits fours des Conseils généraux !… On s'esbaudit un instant mais l'amertume nous ramène à nos feux de palettes, à nos abris de toile, à nos gilets protégeant mal du vent.

Que faire ? Comment ne pas s'incliner devant les sourires infatués de nos naufrageurs ? De quelle manière survivre si nous regagnons nos pavillons sans rien d'autre dans la besace qu'épuisement et dégoût ?

Frères et sœurs, le renoncement est impossible. Nous sommes allés trop loin. Nous ne pouvons abandonner le flambeau que nous tendaient depuis leurs barricades les révolutionnaires de l'an un, dressés comme nous face à une tyrannie dont la Constitution déclare :

« Quand le gouvernement viole les droits du peuple, l'insurrection est pour le peuple, et pour chaque portion du peuple, le plus sacré des droits, le plus indispensable des devoirs.»

Que nous faut-il de plus ?
Si nos gouvernements, armés de l'autorité que nous leur avons étourdiment abandonnée par le vote, violent impunément les lois de la République, nous sommes en droit de saisir nos massues, d'en cabosser les casques et boucliers constitués en barrages. Et nous accomplissons nos devoirs de citoyen en rejetant l'hypo-

crisie et la fourberie qui ne sont pas celles de la vipère, simplement celles du Mal.

À ce propos, vous l'aurez remarqué, se trouve dans la Constitution de notre République un mot remonté de la crypte des cathédrales. Le mot « sacré ».

En plus d'une république fondée sur la justice et la morale, ne sommes-nous pas une république laïque ?

Notre gouvernement ne devrait-il pas être le gouvernement du peuple, dirigé par le peuple, et dans le seul intérêt du peuple ?

À voir ce qu'il en est, nous pouvons en douter, frères et sœurs. Nos prétendus représentants, tous néolibéraux et partisans du marché depuis cinq décennies, plutôt que les nôtres sont ceux de la finance, soumis à la seule finance. Et la finance, cette ennemie n'ayant que faire du peuple, s'apprête à nous remplacer par des machines qui n'iront pas au syndicat, ni ne contesteront, ni ne feront l'école buissonnière, ni ne réclameront six semaines de vacances.

Songez à cela, frères et sœurs. À part cette horreur, et à part la menace du changement climatique, le reste n'est que broutilles.

Cessons de ne considérer que l'infime, ouvrons les yeux sur ce qui nous importe.

Et sans perdre de vue le moindre problème, allons au plus pressé.

Nos chances de survie sont à ce point réduites qu'il nous faut oublier pour un temps coquelicots et bleuets.
Laissons de côté le problème du climat. À conditions que nous soyons rassemblés et que personne ne tire au flanc, pas même les USA ou le Brésil, on ne pourra le régler qu'à l'échelle planétaire, à partir d'une gouvernance mondiale (et bien sûr citoyenne). Citoyenne ? Pourquoi, pendant qu'on y est, ne pas instituer dans notre pays un gouvernement qui en serait le modèle...
Revenons au "sacré".

Porté dans la Constitution bien que les sans-culottes aient voué aux gémonies les bonne-sœurs et curés, la teneur du "sacré" interdit au voleur de pénétrer dans le Temple, au Mal de souiller l'âme dont elle est responsable. Il protège l'être humain du charme des sirènes, il représente l'éternité du monde, il en est le diamant. Ne le confondons pas avec des religions qui ne se sont abritées derrière lui que pour permettre à leurs prélats de faire s'agenouiller les ouailles devant la massue du pouvoir.

Nous l'avons vu, les problèmes à résoudre sont à ce point liés que la seule solution possible semble celle que choisit le roi Alexandre-le-Grand pour accéder au trône et conquérir l'Asie : au lieu de s'acharner su le nœud infernal qui lui en ouvrirait l'accès, le trancher de son glaive.

Cette illustration de la volonté d'un homme, nous reste à la traduire en une guerre éclair n'ayant pas pour objet une quelconque domination, mais au contraire une libération.

Armés de notre foi, nous voici donc lancés dans la plus formidable croisade, la lutte la plus sacrée qu'on puisse imaginer. Pourfendre l'inégalité, l'injustice, le mensonge. Écraser le Mal. Mais pas le mal pointé honteusement pointé par George W Bush, serviteur du démon, numéro un du bobard. En tant que Président de la grande démocratie du monde, et semblable à ses pairs, le triste W avait pour objectif d'assurer la suprématie de l'Empire, et pour cela de s'approprier la production de pétrole, d'abattre le communisme, d'implanter urbi et orbi le fameux *american way of live,* accompagné du Coca Cola

Ce n'était pas exactement l'éthique de Sitting Bull, mais Bull n'était qu'un indien, un moins-que-rien, un vaincu. Pourquoi se le remémorer ? Et pourquoi s'inquiéter de des gilets jaunes, de ces têtes de bois qu'on va conduire à l'abattoir ?…

L'heure de notre éradication va sonner, frères et sœurs. Plus question de logique. Juste question de foi.

Sacré est le peuple. Béni l'analphabète qui apprit à lire en suivant du bout de son doigt les mots et les phrases de Victor Hugo, car cet Hugo le connaissait et le respectait. Et cet Hugo, en plus de lire en lui, le protégeait des usurpateurs, des policiers et des fripouilles.

La révolution française, déclarait-il, *est le pas le plus gigantesque pas effectué par le genre humain depuis l'avènement du Christ.*

Suivons le chemin du Christ mettons nos pas dans ceux de la Révolution.

De la racine au firmament

L'enfant racine, l'enfant moisson et l'enfant cosmos ont grandi. Ils sont à présent adultes, mais l'étoile et le blé ne les ont pas quittés.

Assis en cette heure sur un coussin de méditation, tous trois s'apprêtent à recevoir le mantra qui va les mener à l'extase, au rayonnement de l'Esprit dans le cerveau humain. Va les ouvrir à la contemplation, dans la lumière primordiale, de la splendeur de l'univers. Va les maintenir les yeux clos, à l'écoute de ce qui va venir.

Ils sont en attente du mot, des deux syllabes que vient enfin leur glisser à l'oreille, sans qu'ils l'aient entendue se pencher sur eux, la prêtresse à laquelle fut confié leur éveil.

Syllabes qui ne signifient rien mais qui leur appartiennent, qui n'appartiennent à qu'à eux, qu'ils ne devront révéler à personne... Un murmure, leur a-t-on dit, à opposer au bavardage mental qui va tenter de les distraire au moment de la plénitude.

Devant les blés, devant le semi d'étoiles qui leur fut comme un phare, les voici qui s'enfoncent en eux-mêmes. S'enfoncent jusqu'au moment où un serpent d'or, vibration aussi brève que puissante sur un fond bleu fluo, en un éclair leur apparaisse et disparaisse.

La tradition hindoue veut que l'énergie vitale, ou énergie divine, nommée Kundalini, soit incarnée en un reptile lové entre l'anus et le sexe. En le tirant de son sommeil, puis en l'élevant du sacrum à la fontanelle, on voit alors éclore, à travers les chakras qu'il traverse, ce qu'on cherchait depuis toujours.

Ignorants de la tradition hindoue, nos initiés l'ont confessé plus tard : jamais on ne leur avait parlé de la kundalini.

Puisqu'il en est ainsi, pourquoi cet or sur ce fond bleu ?
L'image du serpent serait-elle gravée dans nos gênes ?
Et pourquoi, par quoi, par qui l'aurait-elle été ?

Héritage

Le Christ a chassé les marchands du temple, raison pour laquelle on l'a cloué sur la croix. Mais la gauche formatée par la modernité ne veut pas le savoir. Dans son rejet de ce qui la dérange, elle ne veut pas entendre parler non plus de certains concurrents soutenus pourtant par des transfuges de la France insoumise, du PCF et du monde syndical. Il faut dire que les syndicats ne se soucient plus guère des salariés. Ils visent avant tout les miettes à ramasser.

Vous seuls, gardiens d'une solidarité et d'une égalité visibles jusqu'à l'étranger, acceptez dans vos rangs, qu'ils soient de droite, de gauche, du Parti socialiste ou du centre, aussi bien l'ignorant que le l'agrégé d'Histoire. Si vous ne savez dire pourquoi, vous en humez la raison par chacune de vos fibres. Contrairement à une élite ne comprenant rien à rien, et sachant d'instinct ce qui est bon pour vous et ce qui est mauvais, vous remarquez que tout déraille, que tout va exploser. Et si certains de vous, détournés du bon sens par les appâts de l'Euro-Millions et de la publicité, ne savent juxtaposer et comparer le luxe d'un côté, de l'autre la facture EDF et la fin de mois douloureuse, qu'ils questionnent un voisin.

Et si l'on vous a mis en tête que le capitalisme allait diriger le monde jusqu'à la fin des temps, que rien ne saurait le remplacer, qu'il est la solution unique, le copain d'atelier vous prouvera le contraire. Et s'il vous ouvre les yeux sur le scandale de l'exploitation du petit par le gros, vous vous demanderez pour quelle raison deux cents privilégiés vivent en parasites sur le dos de millions de malchanceux. De même pour quelles raisons la caste dirigeante ne cesse de répéter que tout ira mieux demain, qu'il suffit de travailler dur.

L'élite sortie des grandes écoles n'a toujours pas compris qu'elle se trouve elle aussi dans la nasse du démon, qu'elle est soumise à sa férocité, que ses cabines de première classe ne sont qu'un décors censé les protéger d'une salle des machines dont l'explosion la tuera elle aussi. Que le capitalisme, dans sa déglingue, va tout emporter avec lui. Hormis les ultra-riches équipés de scaphandres, seuls pourront espérer s'en tirer les habitués de la douche froide, du crachin du matin, de l'air glacé d'avant le départ au boulot.

Sachons cependant que le soleil va se lever. Sachons aussi que nombre d'entre nous vont disparaître dans le maelstrom général, mais que certains s'en relèveront. Et si le banquier en fait partie, qu'il sache que l'argent qu'il nous aura volé ne vaudra plus pipette.

Nous ne pouvons échapper au flot qui nous emporte, nous avons trop attendu. Rien ne nous servirait de présenter un candidat aux prochaines élections, ni de bâtir un parti estampillé Gilets Jaunes. Les partis vont au bout du rouleau, l'Empire va s'effondrer, Jupiter va goûter de la vase et des algues, son beau costume va partir à vau-l'eau.

Mais le poison capitaliste va tenter lui aussi de survivre, de s'agripper à nos pensées, de revenir nous visiter en nos moments d'absence. Aussi, pour éviter que ne s'entassent les cadavres, nous faudra-t-il faire en sorte que soient équitablement répartis le travail et ses fruits, comme il en fut dans les villages de la Russie ancienne.

C'est cela, croisés de la liberté, qu'il nous faudra viser. Chassons une fois pour toutes les marchands du Temple, emparons-nous de la Bourse, Et comme s'y sont avec succès essayés deux Boeing, démolissons le blockhaus de l'impérialisme.

À condition que nous y mettions du cœur, l'affaire sera menée rondement.

Au nom du principe d'équité, nous proposons que la société se charge de toutes parties d'héritage situées au-delà de la moyenne, puis qu'elle les répartisse entre les citoyens. Ainsi, nul ne pourra plus accumuler de fortune inutile, ni payer des forbans, ni s'acheter des esclaves. Les entreprises du CAC, passées sous le contrôle du peuple, s'adresseront pour leurs investissements à des banques nationales pareillement dirigées.

Et comme nous ne sommes pas chiens, celui qui voudra s'enrichir le pourra.

De toute manière, à la fin de sa vie, il fera don de tout ce qu'il possède à la communauté. Quant à ses enfants, recevant un héritage identique à ceux de leurs voisins de gauche, de droite, du dessus et du dessous, ils en deviendront les égaux.

Abolition des privilèges

La démocratie appliquée à l'ensemble de la nation, à commencer par ses entreprises, l'héritage commun partagé entre tous, voilà qui nous ramène aux objectifs de nos révolutions, voilà qui va clouer le bec des Rothschild, des Morgan et des Chase Manhattan Bank. D'autant que l'Histoire, à force de nous mener en bateau, nous a instruits de la malfaisance de l'argent dès qu'on le considère non pas comme un moyen d'échange ou un acquis à protéger des fouines et des renards, comme au temps de Louis XVI, mais comme le but de tout individu sensé.

À propos de monarchie, il s'est produit dans les premiers jours du mois d'août 1789 un fait extraordinaire.

De toute évidence moins obtuse, moins accrochée à sa drogue que certains de ses successeurs, la noblesse de l'ancien régime n'a pas hésité, durant la nuit du 4, au cours d'une séance mémorable de l'Assemblée constituante, à voter l'abolition de ses privilèges.

Les actionnaires de nos grandes entreprises, nouveaux nobles d'une cour maintenant républicaine, vont-ils les imiter, quitter leurs fauteuils et revenir au sein du peuple ? Peu probable. L'argent leur a gâté l'esprit. C'est la raison pour laquelle ils combattent la démocratie, cherchent à jeter bas les nations qui l'appliquent, ne serait-ce qu'avec la désinvolture dont ils font preuve chez nous. Mais avant de s'en prendre à nos nations prospères, en guise d'essai, ils veulent raser l'Iran, mettre la Chine à genoux et la Russie aux fers, affamer le Venezuela et le ramener au temps où il était l'esclave de sa protectrice, la *great America*.

Cette "stratégie du chaos", en fait ce détournement de l'espérance vers la malédiction, s'applique à tout État, toute province et toute communauté, jusqu'au bureau du Président. On ne craint donc pas, comme il en fut au Chili, de bombarder un palais présidentiel ni de suicider son occupant élu, ni de répudier un Sarkozy pour cause de maladresse, ni de le remplacer par une couille molle mais on ne savait pas, alors on lui adjoint un banquier qu'on fait ensuite élire — et si ça na marche pas non plus on fait appel à une Marine qui n'attendait que ça. Ce qui ne l'empêche nullement d'évoquer la démocratie sitôt que l'occasion se présente. Démocratie sanctifiée dès qu'il s'agit de s'assurer d'un présumé coupable, d'aller fouiller dans ses bureaux, de s'assurer de sa personne, d'attendre que les médias en aient fini de lui pour le traîner devant les tribunaux, puis de passer le reportage en boucle sur les écrans de la trahison.

Comme le disent les Chinois, « votre démocratie n'est qu'une farce, l'Empire un tigre de papier »…

Que fera ce félin de carnaval, comment cette fine mouche réagira-t-elle si chaque fin de semaine, mains dans les poches et sifflotant, nous nous réunissons avec ou sans gilets devant les banques et les supermarchés ? Si, blottis dans nos manteaux durant l'hiver, vêtus en été de légèreté, nous prenons place, chacun sur son coussin, devant les préfectures et les commissariats ?…

Même si les bourgeois sont appelés par quelque général à exhiber des foulards dans les rues de Paris, nous resterons les plus nombreux.

— Nous sommes le peuple, nous détenons le pouvoir.

— Le pouvoir ?

— Pas celui que nous subissons, celui dont vous allez tâter. Pas la massue de l'argent mais, sous l'empire de son peu de volume dans nos poches, la férule de la volonté générale et du bien commun. En quelque sorte du pouvoir que préconisait Rousseau et que raillaient les assassins de la Commune, petits bourgeois ridicules que seuls concernaient leurs intérêts et ceux de leur caste.

De prime abord, la démocratie athénienne serait la meilleure solution. Hélas, comment prendre en compte le choix de gens qui, ne comprenant rien à la politique, votent les yeux fermés.
— Il faudrait les instruire !
— C'est ce que nous allons faire, et dès la maternelle. De cette façon, en deux générations tout au plus, la France aura des citoyens lucides.
— Cela signifie au minimum quarante ans !...
— Quarante, cinquante, cent ans ne sont rien au regard de l'Histoire
— Certes. Mais le temps de tout mettre en place, de quelle manière traiter des migrations, de la montée des eaux, de la mutation des conseils d'administration en assemblées de salariés ?...
— La démocratie directe s'appliquera dans les usines, les bureaux, les grands magasins, les exploitations agricoles, les réseaux, les villages, les grandes villes. Autrement dit partout. Pour le reste...
— C'est là que nous vous attendons.
— Alors asseyez-vous, cramponnez-

vous et attendez le choc. Il risque d'être brutal.

À la tête de l'État, un dictateur tiré au sort ou, si vous préférez, désigné par le peuple.

Vous avez connu cela ? Que non ! Ce gardien de la Constitution universelle, à tout instant révocable par nous, n'aura ni la frivolité d'un Macron, ni la jean-foutrerie d'un Hollande, ni les tics d'un Nicolas Sarkozy. En plus de la probité d'un sage, il aura la noblesse et le bon sens d'un indien.

Nous restera à recouvrer notre équilibre et à muer dans le bon sens. Ensuite à prendre soin de la poule, du cochon et du bœuf. Puis, en jetant à tout vent les graines du coquelicot et du bleuet, à fleurir notre vie.

Et si le cœur nous en dit, à visiter les étoiles.

Table des matières

Du même auteur :

Discours aux enfants
Capitalisme, a chute et ensuite
Le blog d'un effaré
Plus des romans

Impression BOD Books on Demand, Norderstedt,
Allemagne
Dépôt légal : mars 2019